JULES VERNE

UN NEVEU D'AMÉRIQUE

OU LES

DEUX FRONTIGNAC

COMÉDIE EN TROIS ACTES

Représentée pour la première fois sur le Théâtre Cluny
le 17 Avril 1873

PARIS

J. HETZEL ET Cⁱᵉ, LIBRAIRES-ÉDITEURS

18, RUE JACOB, 18

Droits de traduction et de reproduction réservés.

UN

NEVEU D'AMÉRIQUE

OU LES

DEUX FRONTIGNAC

COMÉDIE EN TROIS ACTES

Représentée pour la première fois sur le théâtre Cluny,
le 17 avril 1873.

PERSONNAGES.	ACTEURS.
STANISLAS DE FRONTIGNAC, 40 ans.	MM. C. Sairvier.
SAVINIEN DE FRONTIGNAC, son neveu, 25 ans.	Bernès.
ROQUAMOR, 45 ans	Fleury.
MARCANDIER, 50 ans	Treillet.
IMBERT, médecin	Vilers.
CARBONNEL, ami de Frontignac	Lamarque.
DOMINIQUE, domestique de Frontignac	Durnel.
ANTONIA, femme de Roquamor	Mmes M. Derson.
ÉVELINA, femme de Marcandier	Fernande.
MADELEINE, nièce de Carbonnel.	De Monge.
DEUX INVITÉS	{ MM. Vallois. Favrel. }

S'adresser, pour la mise en scène, à M. Vilers, régisseur général.

JULES VERNE

UN

NEVEU D'AMÉRIQUE

OU LES

DEUX FRONTIGNAC

COMÉDIE EN TROIS ACTES

PARIS

J. HETZEL ET Cⁱᵉ, ÉDITEURS

18, RUE JACOB, 18

—

Droits de reproduction et de traduction réservés.

UN
NEVEU D'AMÉRIQUE

ACTE PREMIER.

Chez Roquamor. Petit salon.

SCÈNE PREMIÈRE.
MARCANDIER, IMBERT, INVITÉS, puis ROQUAMOR.

Tableau animé d'un bal bourgeois; les portes du fond sont encombrées d'invités s'écrasant et se bousculant; ils tournent le dos au public et regardent dans le salon de danse. On entend l'orchestre.

PREMIER INVITÉ.

Quelle cohue!

DEUXIÈME INVITÉ.

On a été déjà forcé de casser les carreaux des fenêtres.

PREMIER INVITÉ.

Et pas d'autres rafraîchissements!

DEUXIÈME INVITÉ.

Connaissez-vous monsieur Roquamor, le maître de la maison ?

PREMIER INVITÉ.

Non ! J'ai été amené par un ami.

DEUXIÈME INVITÉ.

Moi aussi. Tout ce que je sais... c'est que sa femme est une blonde... foudroyante...

PREMIER INVITÉ.

Pas mal, mais elle manque d'ampleur, moi j'aime les femmes qui ont de l'ampleur... Oh ! voyez donc dans quel état on a mis mon chapeau.

MARCANDIER, entrant avec Imbert et entendant
ces derniers mots.

Règle générale : quand vous allez au bal, emportez un chapeau vieux.

IMBERT, regardant le chapeau neuf de Marcandier.

Il paraît que la règle souffre parfois des exceptions.

MARCANDIER, un peu embarrassé.

Hein ! Ah ! oui... je vais vous dire... Je n'ai pu mettre la main sur le mien.

IMBERT.

Ah !... Il est heureux pour nous d'avoir trouvé ce petit salon ; ici du moins on respire.

MARCANDIER.

Le fait est que si quelqu'un pouvait jeter un froid...

IMBERT.

Singulière idée que M. Roquamor a eue de donner un bal.

Depuis trois ans qu'il a quitté Paris, personne ne le connaît.

MARCANDIER.

J'imagine que l'idée est venue à la femme plutôt qu'au mari. (Ils s'asseyent.)

IMBERT, apercevant Roquamor.

Chut! Le voici.

MARCANDIER, très-haut.

Charmante fête! Charmante fête!

ROQUAMOR, entrant de droite et les saluant.

Docteur... Monsieur Marcandier...

IMBERT.

Vous avez entendu le mal que nous disions de votre soirée?

ROQUAMOR.

Oui... c'est assez réussi... Seulement ce qui me contrarie, c'est que, sauf vous, je ne connais âme qui vive à mon bal.

MARCANDIER.

Que voulez-vous? Voilà six mois que vous êtes à Marseille pour votre grande affaire de terrains. A votre retour, madame Roquamor a l'heureuse idée de donner un bal pour vous faire renouer connaissance avec le monde parisien... Rien de plus simple.

IMBERT.

Vous devez être enchanté de voir madame Roquamor admirée, adulée, entourée...

MARCANDIER, bas.

Taisez-vous donc! Il est jaloux comme un tigre!...

ROQUAMOR.

Parlons-en de ma femme et de cette foule de petits drôles

qui sautillent, voltigent et glapissent autour d'elle... Tenez, en ce moment elle polke avec une espèce de fat que je ne connais pas... et qui lui fait des mines! mon Dieu... que cette polka est longue... Non... permettez... (Il remonte et essaye de se frayer un passage à la porte du fond.)

PREMIER INVITÉ, à Roquamor.

Ne poussez donc pas, monsieur !

DEUXIÈME INVITÉ.

Vous n'espérez pas nous passer au travers du corps?

ROQUAMOR.

C'est que... j'aurais désiré...

PREMIER INVITÉ.

Après la polka, monsieur.

ROQUAMOR.

Mille pardons, j'attendrai. (Redescendant la scène.) Décidément, là, c'est fort ennuyeux de ne pas être connu.

MARCANDIER.

Eh bien! vous n'entrez pas ?

ROQUAMOR.

A moins d'envoyer chercher quatre hommes et un caporal.

PREMIER INVITÉ, au second.

Ah! voici madame Roquamor... Quelles épaules!... quelle taille!...

DEUXIÈME INVITÉ.

Pas assez d'ampleur.

PREMIER INVITÉ.

C'est égal! elle me dirait quelque chose, cette femme...

ROQUAMOR.

Ah! mais...

MARCANDIER, le retenant.

Du calme! du calme! mon cher monsieur!

ROQUAMOR.

Si vous croyez que c'est agréable. Je donne une fête, je me ruine en bougies, en punch, en glaces et en instruments à vent, et personne ne me salue, personne ne fait attention à moi. Bien plus, on me rudoie, on m'injurie, on me bouscule... Ah! si l'on m'y reprend... J'étouffe... (Entre un domestique avec un plateau chargé de glaces.) Ah! des rafraîchissements.

LE DOMESTIQUE.

Pardon, monsieur, les dames d'abord (Les invités se précipitent sur le plateau, qui est dévalisé en un instant.) Messieurs, messieurs...

ROQUAMOR.

Oh!

MARCANDIER, savourant tranquillement une glace.

Excellente!

ROQUAMOR.

Je n'ai encore pu attraper qu'un verre d'orgeat... sur mon habit...

PREMIER INVITÉ.

Comme c'est ordonné... Quel gâchis!

DEUXIÈME INVITÉ, buvant un verre de punch.

Allez! pour ce que ça vaut! Sapristi! Qu'est-ce qu'on a donc mis là-dedans?

ROQUAMOR, furieux.

Monsieur!

MARCANDIER, l'arrêtant et le prenant par le bras.

Du calme! que diable! Vous donnez un bal, ça vous ennuie,

très-bien, mais croyez-vous que ça m'amuse, moi? Il faut être philosophe, mon cher monsieur; vous aurez dépensé quelques billets de cent francs, on vous aura bousculé, insulté, vilipendé, on aura fait la cour à votre femme; quant à nous, nous aurons passé la nuit à bâiller ou à perdre notre argent à la bouillotte. Eh! pardieu, pourquoi nous plaindre? Il vous était aussi facile de ne pas nous inviter qu'à nous de ne pas répondre à votre invitation.

ROQUAMOR.

Serviteur! mais si l'on m'y reprend... (Il remonte.)

PREMIER INVITÉ.

Ah! monsieur, c'est encore vous?... D'honneur, on ne sait plus qui on reçoit.

DEUXIÈME INVITÉ.

C'est indécent!

ROQUAMOR.

Dire que je suis obligé de passer par les corridors pour rentrer chez moi. (Il sort par une petite porte à gauche.)

PREMIER INVITÉ.

Il ne se gêne pas, ce monsieur.

DEUXIÈME INVITÉ.

C'est quelque domestique d'occasion.

SCÈNE II.

MARCANDIER, IMBERT, INVITÉS, CARBONNEL et MADELEINE, entrant par la droite.

— Ils se donnent le bras.

CARBONNEL.

Nous arrivons un peu tard, mais j'espère, ma chère nièce,

que ce petit bal va te distraire, et que tu prendras une figure plus riante.

MADELEINE, regardant autour d'elle. — A part.

Il n'y est peut-être pas! (Haut.) Un bal où je ne connais personne...

CARBONNEL.

Excepté madame Roquamor. Je ne suis guère plus avancé que toi... Mais nous allons chercher le maître de la maison. (Marcandier qui se promène avec Imbert se rencontre avec Carbonnel. — Celui-ci le salue.) Le voilà sans doute. (Haut.) Monsieur, j'ai bien l'honneur. (Étonnement de Mercandier qui lui rend son salut. A Madeleine.) Il paraît que je me suis trompé. (Saluant Imbert.) Monsieur! (Même jeu.) Encore! pas de chance! (Reconnaissant Imbert.) Tiens! docteur! Bonjour, docteur. Ça va bien?

IMBERT, riant.

Pas mal, et vous? (Ils se serrent la main.) Vous me preniez pour le maître de la maison?

CARBONNEL, montrant Marcandier.

Ce n'est pas non plus monsieur?

IMBERT.

Non. (Le présentant.) Monsieur Marcandier, un de nos hommes d'affaires les plus répandus...

CARBONNEL.

Enchanté, monsieur! Enchanté!

IMBERT, présentant.

Monsieur Carbonnel, directeur de la compagnie d'assurances sur la vie : *La Lutétienne.*

MARCANDIER.

Enchanté, monsieur! Enchanté!

CARBONNEL.

Un de mes clients, peut-être?...

MARCANDIER.

En effet.

TOUS DEUX.

Enchanté, monsieur, enchanté!

CARBONNEL.

Savez-vous où nous pourrions saluer le maître de la maison?

IMBERT.

Monsieur Roquamor? Dans le grand salon, sans doute!

MARCANDIER.

Il doit y être.

MADELEINE, à part.

Et Savinien aussi, j'espère! Il m'avait bien promis de se faire présenter!

CARBONNEL.

Allons, ma nièce. (Il lui prend le bras.)

MARCANDIER et CARBONNEL, même jeu que plus haut.

Enchanté, monsieur, enchanté! (Sortent Carbonnel et Madeleine. Peu à peu la foule s'est divisée et les invités sont passés à droite et à gauche.)

SCÈNE III.

MARCANDIER, IMBERT.

MARCANDIER.

Il est charmant; mais je voudrais bien m'en aller.

IMBERT.

Pourquoi êtes-vous venu?

MARCANDIER.

Vous en parlez à votre aise, vous êtes garçon, docteur, mais quand on est en puissance de femme... Demandez plutôt à monsieur Roquamor.

IMBERT.

C'est juste, mais n'est-ce pas madame Marcandier que j'aperçois là-bas?

MARCANDIER, regardant.

Elle-même... Elle valse avec Frontignac.

IMBERT.

Le beau, le grand, l'illustre Frontignac.

MARCANDIER, vivement.

Vous le connaissez?

IMBERT.

De réputation seulement. Le plus intrépide de nos viveurs, toujours jeune, toujours sur la brèche, malgré ses quarante-cinq ans bien sonnés. Pour résister à la vie qu'il mène, il faut que le gaillard ait une santé de fer.

MARCANDIER.

Oui, pas moyen d'y trouver une paille.

IMBERT.

Hein! on dirait que cela vous contrarie.

MARCANDIER.

Moi, pas le moins du monde. Je sais bien que d'autres, à ma place...

IMBERT.

A votre place?

MARCANDIER.

Dame, c'est un gaillard qui me coûte vingt mille francs par an, pas un décime de moins.

IMBERT.

Qu'est-ce que c'est que cette histoire-là?

MARCANDIER.

Une sotte histoire, je vous en réponds. Figurez-vous qu'il y a dix ans ce Frontignac n'avait que la peau sur les os, il toussait, toussait... Bref, il s'en allait à vue d'œil; il avait déjà dévoré la moitié de sa fortune, il lui restait à peine trois cent mille francs, un joli denier, j'en conviens, mais qui, au taux légal, ne lui eût donné que quinze mille livres de rentes. Or, quinze mille livres de rente pour satisfaire son luxe et son appétit des plaisirs, c'était peu; alors il se rencontra un brave homme, un imbécile, veux-je dire, qui se fit le raisonnement suivant : à qui retournera cette fortune? Frontignac est seul, il n'a ni enfants, ni héritiers...

IMBERT.

Je comprends... Eh! parbleu, à moi, se répondit le digne homme.

MARCANDIER.

Je lui donnerai dix pour cent de son argent, vu le délabrement de son estomac, mais si je les lui paye pendant un an, c'est que je n'aurai pas de chance.

IMBERT.

Excellente affaire...

MARCANDIER.

Excellente action, si vous le voulez bien. Au bout de six

mois, sa toux avait disparu, son estomac s'était refait. Aujourd'hui vous voyez en lui un ex-poitrinaire guéri par les excès...

IMBERT, riant.

Ah! ah! ah! Et le digne homme?

MARCANDIER.

C'était moi! parbleu, et comme voilà dix ans que cette plaisanterie-là dure...

IMBERT.

Si votre ami tombait dans un trou, vous ne vous précipiteriez pas pour l'en retirer.

MARCANDIER.

Mes principes...

IMBERT.

Vous le défendent...

MARCANDIER.

Ce n'est pas cela. Mais, comme vous venez de l'apprendre, je suis assuré sur la vie, et, comme tel, je n'ai pas le droit d'exposer mes jours, ce serait frustrer la compagnie.

IMBERT.

Vous savez que ça m'est égal au fond. Bonsoir...

MARCANDIER.

Vous partez?

IMBERT.

Je n'ai pas de femme à ramener, moi!

MARCANDIER.

Attendez. Voici Frontignac qui se dirige de ce côté, avec madame Marcandier et madame Roquamor... Examinez-le, vous m'en direz votre avis... Quelquefois ces gens bâtis à chaux et à sable...

IMBERT.

Une autre fois... (Il sort. La musique cesse. Les danseurs affluent dans le salon.)

SCÈNE IV.

MARCANDIER, FRONTIGNAC, ANTONIA, ÉVELINA, MADELEINE, CARBONNEL, ROQUAMOR.

FRONTIGNAC, très-empressé auprès des dames.

Il n'y a que vous, madame, pour savoir faire les honneurs d'une fête... On ne respire plus, on ne peut plus respirer... C'est délicieux.

ROQUAMOR, bas à Marcandier.

Qu'est-ce que c'est que celui-là?..

MARCANDIER.

Un garçon qui a la vie dure, je vous en réponds. (Les dames se sont assises. Frontignac papillonne autour d'elles.)

FRONTIGNAC.

Parole d'honneur! vous croyez que j'exagère... Avant de venir ici, j'avais passé quelques minutes au bal de la marquise de Fumeterre, j'avais consacré un quart d'heure à la générale d'Outremont et jeté un coup d'œil au raout de la princesse de la Rochetendron. Eh bien! le noble faubourg, le faubourg Saint-Honoré, sont distancés... Une fée;... vous êtes une fée!.. Où avez-vous trouvé cet art si rare aujourd'hui d'être pour tous prévenante, agréable, aimable, gracieuse?... les expressions me manquent.

ROQUAMOR, à part.

Il appelle cela manquer d'expressions.

ANTONIA.

Monsieur de Frontignac nous tient compte de nos efforts comme si nous avions réussi.

ÉVELINA.

Monsieur de Frontignac immole volontiers les divinités d'autrefois aux pieds des divinités d'aujourd'hui.

FRONTIGNAC.

Que voulez-vous dire, madame?

ÉVELINA, bas.

Vous me comprenez, Stanislas?

CARBONNEL.

Toujours le même!

FRONTIGNAC.

Tiens, ce cher Carbonnel (il lui serre la main). On ne me changera plus, je suis revenu de nourrice.

MARCANDIER, à part.

Depuis quarante-cinq ans.

ANTONIA, à Madeleine.

Il me semble, mademoiselle, que vous n'avez pas dansé;... il ne manque cependant pas de cavaliers...

ROQUAMOR, à part.

C'est la place qui manque.

MADELEINE.

Excusez-moi, madame... (A part.) Il m'avait pourtant promis...

FRONTIGNAC.

Serait-il vrai? Alors, si mademoiselle veut bien m'accorder la première valse, je me charge de la distraire.

MADELEINE.

Merci, monsieur, je ne valse pas...

FRONTIGNAC.

C'est de la cruauté, mademoiselle. (Passant à Antonia.) Je disais tout à l'heure à madame Marcandier, madame, qu'elle devrait prendre exemple sur vous et nous donner quelques-unes de ces soirées enivrantes...

MARCANDIER.

Jamais! monsieur de Frontignac peut s'enivrer ailleurs. Et puis nous ne sommes pas logés pour recevoir. Tandis que madame Roquamor...

ANTONIA.

Ah! monsieur, vous me rappelez là un de mes chagrins.

FRONTIGNAC, avec componction.

Un chagrin! Vous avez un chagrin?

ROQUAMOR, à part.

Est-ce que cela le regarde?.. Va-t-il se mettre à pleurer, maintenant?..

ANTONIA.

Oui!.. Cet appartement,... il va falloir le quitter, le propriétaire l'augmente de mille écus, et mon mari, un véritable tyran...

FRONTIGNAC.

Oh! les maris! les maris! Quelle race!

ANTONIA, vivement, présentant Roquamor.

Monsieur Roquamor!..

FRONTIGNAC.

Ah! monsieur, enchanté de faire votre connaissance...

ROQUAMOR, très-raide.

Hein?

FRONTIGNAC.

Il y a longtemps que j'aspirais à l'honneur de vous être présenté... J'avais entendu parler de vous en termes si flatteurs par madame Roquamor,... un homme si spirituel, si distingué, si...

ROQUAMOR, lui tournant le dos.

Hum!

MARCANDIER, à part.

Ils arriveront peut-être à se dévorer un jour... Ne négligeons pas cette espérance.

CARBONNEL.

Toujours jeune, toujours ardent, ce Frontignac; on lui donnerait trente ans.....

FRONTIGNAC.

Qu'il ne les accepterait pas. On ne vieillit que quand on le veut bien... Ce sont les enfants qui ont inventé la vieillesse pour mettre leurs parents sous la remise.

ANTONIA.

Charmant!

MARCANDIER, à part.

Le fait est qu'il se porte à faire dresser les cheveux sur la tête.

FRONTIGNAC.

Et à qui dois-je cette jeunesse éternelle, cette floraison de chaque printemps? aux femmes, mesdames, à vous. Tenez, ce matin, je me sentais un peu souffrant, un peu fatigué. Ce soir, je suis guéri, radicalement guéri. Et qu'a-t-il fallu pour opérer cette cure incroyable? Un bal, rien qu'un bal, c'est-à-dire la vue de ces toilettes ravissantes, de ces blanches épaules (A demi voix à Marcandier.), de ces trésors si peu voilés que plus d'un mari est obligé d'aller dans le monde pour apprécier sa femme comme elle le mérite. N'est-ce pas monsieur Marcandier ?

MARCANDIER.

Hein ! Quoi ?

CARBONNEL.

Mais alors, mon cher, puisque la femme est pour toi un si merveilleux médecin, que ne te maries-tu ?

ANTONIA.

En effet.

MARCANDIER, à part.

Le marier ! Il ne manquerait plus que cela !

FRONTIGNAC.

J'ai des goûts modestes, madame, l'usufruit me suffit.

ROQUAMOR.

Hein !

CARBONNEL.

Cependant, pour te créer une famille, des héritiers...

FRONTIGNAC.

Des héritages, toujours ! des héritiers, jamais ! Si j'avais eu une famille, je l'aurais acceptée, faute de pouvoir faire autrement ; mais je n'en ai pas, le ciel en soit béni. Le seul parent que j'aie connu, mon frère, est mort en Amérique, il y a quelque chose comme vingt ans. Une famille, des enfants ! La rougeole et la coqueluche en garnison chez moi, plus tard les pensums et le collège, jusqu'à ce que les moutards s'avisent à leur tour de vouloir me faire passer grand-papa ! Que vous ai-je fait ?

CARBONNEL.

Le panégyrique de l'égoïsme ou je ne m'y connais pas.

FRONTIGNAC.

Eh! parbleu oui! mais l'égoïsme n'est-il pas partout? L'amour, égoïsme à deux; la paternité, égoïsme à trois, à quatre, à cinquante comme dans la maison du vieux Priam; la philanthropie, égoïsme sans limites; l'amitié, égoïsme sans dividende : notre pauvre nature n'a qu'une maigre somme d'affection à dépenser, divisez-la entre une femme, des enfants, une maîtresse, un petit cousin. Ah! la jolie part que chacun aura. Au contraire, quelle plus belle position que celle d'orphelin et d'orphelin garçon! Rien au-dessus, rien au-dessous. Pas de grands parents trop lents, pas de parents trop pressés. Ni passé, ni avenir! Du présent!

ÉVELINA.

Il est charmant!

ROQUAMOR, à part.

Voilà un monsieur que je surveillerai. (On entend la ritournelle d'une valse.)

ANTONIA.

Ah! voici une valse qui nous réclame. Messieurs... (On se lève.)

FRONTIGNAC, à Madeleine.

Votre jugement est-il donc sans appel, mademoiselle?

MADELEINE.

Sans appel.

ANTONIA.

Eh bien, venez toujours, ma chère enfant, cela vous distraira de regarder danser les autres.

ROQUAMOR.

Je ne serais pas fâché de voir un peu comment on danse chez moi.

ÉVELINA, bas en passant auprès de Frontignac.

Stanislas... j'ai à vous parler.

CARBONNEL, offrant son bras à Antonia.

Belle dame... (Antonia, Évelina, Madeleine, Roquamor, Carbonnel et les invités sortent par le fond.)

SCÈNE V.

FRONTIGNAC, MARCANDIER.

FRONTIGNAC, s'asseyant.

Ouf!

MARCANDIER.

Tudieu! Quel talent oratoire! Je ne vous ai jamais vu si éloquent.

FRONTIGNAC.

C'est la conviction qui parlait. (Il s'évente avec son mouchoir.)

MARCANDIER.

Vous êtes en nage.

FRONTIGNAC.

Un peu chaud, voilà tout.

MARCANDIER, à part.

Quelle idée! si je pouvais! (Haut.) On étouffe ici... Si je donnais un peu d'air... Qu'en pensez-vous?

FRONTIGNAC.

Comme vous voudrez.

ACTE PREMIER.

MARCANDIER, ouvrant une fenêtre et venant s'asseoir près de Frontignac.

Là! on respire!

FRONTIGNAC.

Merci.

MARCANDIER, à part.

Je ne lui veux pas de mal, mais là, vrai! une bonne petite fluxion de poitrine (Haut.) Eh bien, cela va-t-il mieux?

FRONTIGNAC.

Oh! très-bien!

MARCANDIER, à part.

Attends, attends! ça souffle frais! (Haut.) Frontignac, voulez-vous que je vous parle avec franchise?

FRONTIGNAC.

Je vous en prie.

MARCANDIER.

Eh bien, vous vous fatiguez trop, vous vous rendrez malade. (Frontignac le regarde avec étonnement. A part.) Sapristi, qu'est-ce donc que je sens dans le dos? (Haut.) Vous savez l'intérêt que je vous porte. (Il réprime un éternuement.)

FRONTIGNAC.

L'intérêt à dix.

MARCANDIER.

C'est bien de cela qu'il s'agit! Est-ce que chez moi le cœur ne passe pas avant... (Il réprime un nouvel éternuement.)

FRONTIGNAC.

Mais, mon cher monsieur Marcandier, on ne se gêne pas entre amis.

MARCANDIER.

Je me gêne, moi... (Même jeu.)

FRONTIGNAC.

Parbleu! voilà une demi-heure que vous avez une envie terrible d'éternuer, ça se fait dans le monde, je vous assure...

MARCANDIER.

Mais, je vous jure... (Il cherche encore à s'arrêter, mais cette fois n'y parvient pas et pousse un éternuement formidable.)

FRONTIGNAC, riant.

Dieu vous bénisse!

MARCANDIER, furieux, se levant.

Diable d'homme! me voilà enrhumé à présent! Brr... br... (A part.) Ça n'arrive qu'à moi, à l'épreuve des courants d'air! (Il sort en éternuant.)

SCÈNE VI.

FRONTIGNAC, puis SAVINIEN.

FRONTIGNAC, ravi.

Ce bon monsieur Marcandier! il s'imagine que je ne lis pas dans son jeu. (Il se lève.) Mais ce n'est pas une raison pour laisser ces dames s'enrhumer aussi... Fermons la fenêtre. (Il va fermer la fenêtre.)

SAVINIEN, en dehors.

Inutile de m'annoncer. (Il entre. A part.) Le plus difficile est fait, me voici dans la place. Pourvu que Madeleine y soit. Il ne s'agit plus que de ne pas tomber sur le maître de la maison, qui naturellement ne me connaît pas.

FRONTIGNAC, descendant après avoir fermé la fenêtre et se rencontrant avec Savinien qui le frôle.

Hein ! maladroit !

SAVINIEN, saluant.

Monsieur !

FRONTIGNAC.

D'où sort-il celui-là ?

SAVINIEN, à part.

Perdons-nous prudemment dans la foule. (Il sort par la gauche.)

SCÈNE VII.

FRONTIGNAC, ANTONIA.

FRONTIGNAC, le regardant sortir.

Drôle de petit bonhomme !

ANTONIA, entrant par le fond.

Eh quoi, monsieur de Frontignac, encore dans ce petit salon... vous nous fuyez.

FRONTIGNAC.

Le croyez-vous, madame, quelque chose me disait que j'aurais le plaisir de vous y rencontrer.

ANTONIA.

Serait-ce votre fatuité qui parle ?

FRONTIGNAC.

C'est mon cœur.

ANTONIA.

Taisez-vous, monsieur, si l'on vous entendait! Ce salon n'est pas habitué à de semblables aveux.

FRONTIGNAC.

Eh bien! je vais parler plus bas. (Il se rapproche.)

ANTONIA.

Mon mari est un homme terrible, le moindre soupçon, et je serais perdue.

FRONTIGNAC.

Par malheur, madame, vous n'avez rien à vous reprocher.

ANTONIA.

N'est-ce rien que d'avoir prêté l'oreille à vos protestations d'amour. Du reste, ne vous y trompez pas, ce n'est pas madame Roquamor qui vous écoute, c'est la dame de charité qui vient vous remercier de vos généreuses largesses pour ses pauvres.

FRONTIGNAC.

De ces vingt-cinq billets de concert et de mes vingt-cinq louis, y pensez-vous, madame, c'est moi qui suis votre obligé. Je ne vous promets pas d'aller applaudir votre musique, mais ne suis-je pas payé au centuple par ce *post-scriptum* charmant que votre main divine a bien voulu ajouter à la lettre d'envoi.

ANTONIA.

Ce *post-scriptum!* Que disait-il donc? Je ne me souviens plus.

ACTE PREMIER.

FRONTIGNAC, avec éclat.

Elle l'a oublié. « Venez un de ces soirs, c'est l'heure où je reçois ceux qui m'aiment. »

ANTONIA.

Vraiment! J'ai écrit cela. (A part.) Imprudente!

FRONTIGNAC, très-tendre.

Ah! madame, que ne suis-je un de vos pauvres, pour avoir le droit, à mon tour, de vous demander la charité?

ANTONIA.

Dois-je vous croire? A combien de femmes avant moi avez-vous tenu ce langage?

FRONTIGNAC.

Et quand cela serait! Quand j'aurais conjugué avec d'autres ce doux verbe aimer. Si je vous aime maintenant, n'est-ce pas parce que je vous trouve charmante, adorable entre toutes?

ANTONIA.

Taisez-vous! taisez-vous!

FRONTIGNAC.

Ah! tenez, madame, auprès de vous, je ne sais ce que je dis, ce que je fais... ma tête s'enflamme, ce n'est plus du sang qui coule dans mes veines, c'est du vif argent, c'est du feu. (Il saisit sa main et la baise.)

ANTONIA.

Mais monsieur!...

SCÈNE VIII.

LES MÊMES, SAVINIEN.

SAVINIEN, paraissant au fond au moment où Frontignac baise la main d'Antonia.

Oh!

ANTONIA, poussant un cri.

Ah! (Elle se sauve par la gauche.)

SCÈNE IX.

FRONTIGNAC, SAVINIEN.

FRONTIGNAC.

Morbleu! (Allant à Savinien, très-haut.) Monsieur!

SAVINIEN, très-poli.

Le salon de jeu est de ce côté, n'est-il pas vrai?

FRONTIGNAC.

Oui, monsieur. (A part.) Au fait, il n'a peut-être rien vu!

SAVINIEN, saluant

Mille grâces. (A part.) Je ne l'ai pas encore aperçue. (Il sort.)

SCÈNE X.

FRONTIGNAC, puis ÉVELINA.

FRONTIGNAC, seul

N'importe! Voilà un petit monsieur qui me déplaît avec ses politesses. (*Voyant Évelina qui paraît au fond.*) Évelina! je l'avais oubliée...

ÉVELINA.

Stanislas, vous ne m'aimez plus.

FRONTIGNAC.

Plus bas, madame, si l'on vous entendait; ce salon n'est pas habitué à de semblables confidences.

ÉVELINA.

Ne plaisantons pas, Stanislas, les moments sont précieux. Cette existence de mensonges et de ruses me pèse, me tue! Il faut en finir : hier soir, quand M. Marcandier m'a embrassée, en se couchant, je me suis sentie rougir... Il mettait son bonnet de coton avec une confiance qui m'a touchée. Que vous dirai-je? Il m'a demandé la cause de mon trouble, j'ai balbutié!... Une épreuve encore comme celle-là, et j'avoue que je suis perdue.

FRONTIGNAC.

Hein!

ÉVELINA.

Il n'y a qu'un moyen de mettre fin à ce supplice. Fuyons. Allons demander à d'autres cieux le bonheur qui ne nous est pas permis ici.

FRONTIGNAC.

Ah! mais non! Ah! mais non!

ÉVELINA.

Vous hésitez ?

FRONTIGNAC.

Pas le moins du monde, je refuse.

ÉVELINA.

Ah! Stanislas! vous ne m'aimez pas! vous ne m'avez jamais aimée!

FRONTIGNAC, très-dramatique.

Ah! Évelina, quel mot venez-vous de dire? Vous ne craignez donc pas de percer ce cœur qui est à vous? (A part.) J'étais mieux dans mon rôle, tout à l'heure. (Haut, avec éclat.) Je ne vous aime pas! Je ne l'aime pas!

ÉVELINA.

Ah! c'est déjà mieux!...

FRONTIGNAC.

Où trouverai-je d'aussi jolis yeux, une taille aussi charmante, une main aussi blanche?...

ÉVELINA.

Ah! ingrat! Quand vous voulez...

FRONTIGNAC, à part.

Faut-il? (Il regarde autour de lui.) Personne! Bah! C'est une réponse à tout et cela coûte si peu! (Haut.) Des épaules qui appellent les baisers. (Il se penche sur son épaule et l'embrasse.)

SCÈNE XI.

Les Mêmes, SAVINIEN.

SAVINIEN, surprenant le baiser.

Oh!

ÉVELINA, poussant un cri.

Ah! (Elle se sauve.)

SCÈNE XII.

SAVINIEN, FRONTIGNAC.

SAVINIEN, à part.

Et de deux!

FRONTIGNAC.

Sacrebleu! (Allant vivement à Savinien.) Monsieur...

SAVINIEN, très-poli, saluant.

Monsieur...

FRONTIGNAC.

Est-ce que vous le faites exprès par hasard?

SAVINIEN.

Quoi donc?

FRONTIGNAC.

De... de... de me saluer avec cette insistance... je ne vous connais pas, moi.

SAVINIEN.

Ni moi!...

FRONTIGNAC.

Ah! (A part.) Oh! il me déplaît ce petit bonhomme, il me déplaît. (Il sort par le fond.)

SCÈNE XIII.

SAVINIEN, puis ROQUAMOR.

SAVINIEN, seul.

Voilà un monsieur qui emploie bien ses soirées... Je comprends le monde dans ces conditions-là... Tandis que moi... Ah! la position d'un jeune homme qui vient dans un bal sans y être invité a quelque chose en soi de fort émouvant... Il me semble que chacun me regarde et me demande de quel droit je suis ici; moi, j'évite tout le monde, surtout le maître de la maison; mais baste! nous autres Américains, nous ne doutons de rien, et si seulement j'apercevais Madeleine... Elle m'a pourtant dit qu'elle viendrait, et c'est pour cela... (Apercevant Roquamor, qui paraît au fond.) Ah! quelqu'un!

ROQUAMOR, à un domestique.

Ménagez un peu plus les rafraîchissements, que diable!

SAVINIEN, à part.

Oh! le maître de la maison. (Il se dissimule en lui tournant le dos et fredonne.)

ROQUAMOR.

Ah! un de mes invités! Parbleu! je vais au moins savoir qui je reçois. (Il salue Savinien, qui continue à lui tourner le dos.) Monsieur!

SAVINIEN.

Quelle recherche dans les moindres choses! quelle distinction! quel bal charmant! Comme on se sent bien ici chez un homme d'esprit!

ROQUAMOR, à part.

Ah! en voilà un du moins qui est poli. (Haut.) Monsieur!

SAVINIEN, regardant les murailles.

Ah! les délicieux tableaux!

ROQUAMOR, à part.

Il a du goût, ça se voit, mais pourquoi me tourne-t-il le dos? (Haut.) Monsieur.

SAVINIEN.

Cette peinture est vivante! on croirait qu'elle va... faire la grimace.

ROQUAMOR.

Hein!

SAVINIEN.

C'est un singe!

ROQUAMOR, furieux,

Mon portrait!

SAVINIEN.

Oh! la, la! (Il s'esquive par la droite.)

ROQUAMOR.

Un singe! (Remontant vers le fond.) Ah! si l'on m'y reprend! (Sortant.) Un singe!

SCÈNE XIV.

SAVINIEN, puis MADELEINE.

SAVINIEN, rentrant par une autre porte.

On prévient, que diable! on prévient. Mais me voilà dans une jolie position, il va me faire mettre à la porte. (Madeleine paraît au fond.) Ah! mademoiselle Madeleine!

MADELEINE, descendant.

Monsieur Savinien!

SAVINIEN.

Enfin!

MADELEINE.

Vous avez donc réussi à vous faire présenter?

SAVINIEN.

Je me suis présenté moi-même, et d'une façon originale, je vous en réponds.

MADELEINE.

Mais...

SAVINIEN.

Nous autres fils de la noble Amérique, nous ne doutons de rien, nous sommes libres comme notre mère (Il veut la serrer dans ses bras.)

MADELEINE, se dégageant.

Je m'en aperçois.

SAVINIEN.

Par exemple, je m'ennuyais furieusement dans ce bal, à vous attendre.

MADELEINE.

Et moi donc! (Elle s'arrête.)

SAVINIEN.

Oh! ne vous reprenez pas! Et cependant vous n'avez pas dû manquer d'invitations?...

MADELEINE.

Je n'ai pas dansé.

SAVINIEN.

Chère Madeleine. (Il la presse dans ses bras.) Alors vous allez me donner la première valse?

MADELEINE.

C'est entendu.

SAVINIEN.

La première polka?

MADELEINE.

Oui.

SAVINIEN.

Le premier quadrille?

MADELEINE, lui montrant son carnet.

Je me suis arrangée de façon à vous réserver toute la soirée. (Elle dépose par mégarde son carnet sur le canapé.)

SAVINIEN.

Que vous êtes bonne! que je vous aime!

MADELEINE.

Bien vrai?

SAVINIEN.

Depuis que j'ai mis le pied en Europe, depuis que je vous ai vue.

MADELEINE.

Eh bien, mon oncle est ici, il faut lui parler.

SAVINIEN.

Aïe! aïe! aïe! C'est que je n'ai pas de fortune, de position à lui offrir...

MADELEINE.

Je n'en ai pas besoin.

SAVINIEN.

Qu'elle est gentille! Mais votre oncle en aura besoin, lui... Si vous saviez comme c'est dur, un oncle!

MADELEINE.

Comment le savez-vous vous-même, puisque vous n'avez pas de famille?

SAVINIEN.

Tiens! vous m'y faites penser,... mais si! moi aussi, j'ai un oncle, je dois posséder un oncle, s'il n'est pas mort, mais où? Un oncle que je n'ai jamais vu et qui ne se doute même pas de mon existence, car il ignore jusqu'au mariage de son frère.

MADELEINE.

Je ne pourrai guère vous aider à le retrouver, je suis aussi étrangère que vous à Paris. Pauvre monsieur Savinien!

SAVINIEN.

Pauvre! allons donc! j'ai bon courage, et je suis aimé de la plus ravissante jeune fille... Pauvre!... Ma chère Madeleine... (On entend le prélude d'une valse, il la prend par la taille.) Quand je vous tiens sur mon cœur, quand... ma foi tant pis! (Il l'embrasse.)

MADELEINE.

Ah! (Au moment où Savinien embrasse Madeleine en l'entraînant, Frontignac paraît à droite.)

SCÈNE XV.

FRONTIGNAC, puis CARBONNEL, MARCANDIER, ROQUAMOR.

FRONTIGNAC, seul.

Lui aussi! C'est donc une succursale de Cythère que ce boudoir! Ah le gaillard! Et cette petite fille qui refuse de danser avec Frontignac. Ah! cela ne se passera pas ainsi! Il a besoin d'une leçon, ce petit monsieur... En attendant... (Il s'assied et voit le carnet de Madeleine.) Tiens! qu'est cela? Un carnet de danseuse,... à qui peut-il appartenir?... Voyons. (Il ouvre le carnet et se relève vivement.) Ah! bien! ah! bon! ah! bravo! ah! magnifique! ah! splendide!

MARCANDIER, rentrant avec Roquamor et Carbonnel.

Charmant! charmant!

ROQUAMOR.

Ah! si l'on m'y reprend!

FRONTIGNAC.

Eh! Carbonnel, viens donc un peu!

CARBONNEL.

Qu'y a-t-il?

FRONTIGNAC, lui montrant le carnet.

Connais-tu cela?

CARBONNEL.

Le carnet de ma nièce.

FRONTIGNAC.

De M{{lle}} Madeleine, je tombe bien. N'importe, vois donc le nom du danseur.

CARBONNEL.

Que veux-tu dire ?

FRONTIGNAC.

Lis ! lis !

CARBONNEL, lisant.

Premier quadrille, M. Savinien.

FRONTIGNAC.

Poursuis.

CARBONNEL.

Première polka, M. Savinien ! — Hein ?

FRONTIGNAC.

Va toujours !

CARBONNEL.

Première valse, M. Savinien ! Ah bah !

FRONTIGNAC.

Deuxième quadrille, M. Savinien. Deuxième polka, M. Savinien. Deuxième valse, M. Savinien. Toujours M. Savinien. Trente-cinq fois M. Savinien.

MARCANDIER.

Beaucoup de Savinien.

ROQUAMOR.

Trop de Savinien !

CARBONNEL.

Qu'est-ce que cela signifie ?

FRONTIGNAC.

Il le demande! voilà un petit carnet qui en dit plus que des volumes. Le nom, je suppose, a un corps, une figure, peut-être des moustaches.

MARCANDIER.

Trente-cinq Savinien!

CARBONNEL.

Ah! je saurai!

SCÈNE XVI.

LES MÊMES, SAVINIEN. (Il est très-affairé et cherche sur tous les meubles.)

FRONTIGNAC.

Lui! Parbleu, ce ne pouvait être que lui!

SAVINIEN, à part.

Elle doit l'avoir laissé ici.

FRONTIGNAC, à part.

Cherche, mon bon, cherche!

ROQUAMOR.

Le singe!

MARCANDIER.

Hein! Quel singe?

SAVINIEN, apercevant le carnet entre les mains de Frontignac, à part.

Ah! (Haut.) Pardon, monsieur, vous tenez là un objet que...

FRONTIGNAC.

Que vous cherchez?

SAVINIEN.

Que je cherche.

FRONTIGNAC.

Dis donc, Carbonnel, demande un peu à monsieur, si par hasard, il ne s'appellerait pas Savinien...

CARBONNEL.

En effet.

SAVINIEN, à Frontignac.

Je vois, monsieur, que vous avez eu l'indiscrétion...

CARBONNEL.

Mais Savinien est un nom de baptême, et M. Roquamor voudra bien nous apprendre...

ROQUAMOR, éclatant.

Moi! Est-ce que je connais quelqu'un chez moi?

FRONTIGNAC.

Je vois ce que c'est. On rencontre parfois de petits jeunes gens qui se faufilent dans le monde, venant on ne sait d'où, vivant on ne sait de quoi... mais désireux avant tout de garder l'anonyme...

SAVINIEN.

Monsieur!

MARCANDIER, à part.

Bon! Ça chauffe!

ROQUAMOR, à Savinien.

Votre nom, monsieur?

SAVINIEN.

Soit! Votre droit est de le savoir et vous le lirez sur la carte que je vais remettre à monsieur. (Il désigne Frontignac.)

MARCANDIER, à part.

Un duel!

SAVINIEN, à Frontignac.

Quant à vous, monsieur, je vous apprendrai que les secrets d'une jeune fille sont chose sacrée, et, après ce que j'ai vu de *vous*, je devais m'attendre à plus de discrétion sur ce que vous avez vu *de moi*.

FRONTIGNAC.

Monsieur!

ROQUAMOR.

Qu'a-t-il vu?

MARCANDIER.

Qu'a-t-il vu?

CARBONNEL.

Du calme! du calme!

MARCANDIER, à part.

Xi! xi!

FRONTIGNAC.

Je veux apprendre à ce jeune garçon...

SAVINIEN.

Et moi à ce vieux garçon...

FRONTIGNAC.

C'en est trop, monsieur... Voici ma carte.

SAVINIEN.

Voici la mienne... (Ils échangent leurs cartes.)

ROQUAMOR.

Messieurs, chez moi, quel scandale !

FRONTIGNAC, froisse la carte de Savinien, puis la regarde, est étonné et la lui rend.

Il y a erreur, monsieur !

SAVINIEN, même jeu.

C'est juste. (Ils échangent de nouveau.)

FRONTIGNAC, même jeu.

Encore !

SAVINIEN, même jeu.

Hein ! (Troisième échange).

FRONTIGNAC, lisant.

S. de Frontignac !

SAVINIEN, lisant.

S. de Frontignac !

FRONTIGNAC.

Sacrebleu ! je ne reconnais d'autre Frontignac que moi !

SAVINIEN.

Et moi, s'il vous plaît : Savinien de Frontignac, fils de Joseph de Frontignac.

FRONTIGNAC, abasourdi.

Mort il y a vingt ans, à New-Yorck.

SAVINIEN.

Lui-même.

FRONTIGNAC, s'affaissant tout à coup.

Un neveu !

SAVINIEN.

Mon oncle!

ROQUAMOR, MARCANDIER, CARBONNEL.

Son neveu!

SCÈNE XVIII.

Les Mêmes, ANTONIA, ÉVELINA, MADELEINE, INVITÉS, accourant au bruit.

ANTONIA.

Qu'y a-t-il?

ROQUAMOR.

C'est monsieur qui devient oncle.

FRONTIGNAC.

Un neveu dans mon existence!

MARCANDIER, à Évelina.

Allons nous-en; abandonnons-les aux joies de la famille.

CARBONNEL, à Madeleine lui donnant le bras.

Venez-çà, mademoiselle, nous aurons à causer. (Mouvement général de départ.)

FRONTIGNAC, toujours anéanti.

Oncle! Je suis oncle!

PREMIER INVITÉ, à Roquamor, lui donnant une pièce de monnaie et un numéro.

Tenez, mon ami, voilà vingt sous, allez me chercher mon paletot.

ROQUAMOR, exaspéré.

Oh!

ACTE DEUXIÈME.

Petit salon chez Frontignac. Portes latérales, porte au fond.

SCÈNE PREMIÈRE.

FRONTIGNAC, puis DOMINIQUE.

FRONTIGNAC, il est en jaquette du matin;
entrant de droite et appelant.

Dominique!

DOMINIQUE, au dehors.

Monsieur!

FRONTIGNAC, appelant.

Dominique!

DOMINIQUE, au dehors.

Monsieur!

FRONTIGNAC.

Sacrebleu!... J'entends bien que tu réponds : « Monsieur! » Mais ça ne suffit pas. (Criant.) Dominique!...

DOMINIQUE, paraissant à la porte de gauche.

Est-ce que par hasard monsieur n'aurait pas appelé?

FRONTIGNAC.

Depuis une heure.

DOMINIQUE.

J'avais bien entendu... Monsieur a mal dormi?

FRONTIGNAC.

J'ai... j'ai... ça ne te regarde pas. J'attends du monde à déjeuner.

DOMINIQUE.

Une dame?

FRONTIGNAC.

Non!

DOMINIQUE.

Un homme?

FRONTIGNAC.

Non!

DOMINIQUE, étonné.

Hein! (Un peu piqué.) Ah! Monsieur a des secrets.

FRONTIGNAC.

Ce n'est ni une femme, ni un homme... c'est... un neveu!

DOMINIQUE.

Monsieur plaisante?

FRONTIGNAC.

Je plaisante!

DOMINIQUE.

Je sais bien que Monsieur est orphelin comme Adam, et incapable de s'être donné un neveu... un filleul, je ne dis pas...

FRONTIGNAC, soupirant.

Tu m'apprécies, toi!

ACTE DEUXIÈME.

DOMINIQUE.

Monsieur parle sérieusement!... Ah! mais non! Alors... ce n'est pas dans nos conventions.

FRONTIGNAC.

Vous dites, monsieur Dominique?

DOMINIQUE.

Dam! un maître garçon, ce n'est déjà pas si avantageux! Si Monsieur se passe aujourd'hui la fantaisie d'être oncle... Ah! mais non! Ah! mais non, par exemple!

FRONTIGNAC.

Si tu crois que ça m'amuse! Un grand gaillard de neveu qui me tombe d'Amérique sans crier gare... Enfin je ne puis faire moins que de l'inviter à déjeuner, et... je l'attends...

DOMINIQUE.

Ah! c'est comme ça... Enfin!... Monsieur aurait bien pu me consulter...

FRONTIGNAC.

Ce sera pour une autre fois.

DOMINIQUE.

Que dois-je servir à Monsieur?

FRONTIGNAC.

Oh!... un déjeuner très-simple... Rien du tout si tu veux... Tu comprends, je suis obligé de recevoir mon neveu, je le reçois, et c'est tout...

DOMINIQUE.

Très-bien... et le vin?...

FRONTIGNAC.

Le petit Beaujolais qu'on vient de mettre en bouteilles.

DOMINIQUE.

Fichtre!... il est jeune.

FRONTIGNAC

Mon neveu aussi est jeune. (On entend sonner.) C'est lui, sans doute, va ouvrir.

DOMINIQUE.

Oui, Monsieur. (A part.) Nous avions bien besoin d'un neveu. (Il sort.)

SCÈNE II.

FRONTIGNAC, puis DOMINIQUE et SAVINIEN.

FRONTIGNAC, seul.

On se doit à sa famille, soit! Faisons les choses convenablement, mais sans enthousiasme.

DOMINIQUE, annonçant.

Monsieur Savinien de Frontignac.

FRONTIGNAC.

Le déjeuner!

DOMINIQUE.

Oui, monsieur. (A part.) Comme s'il ne pouvait pas rester en Amérique, celui-là. (Il sort.)

SAVINIEN, très-cordial.

Bonjour, mon oncle. (Il lui donne la main.)

FRONTIGNAC, un peu froid.

Bonjour, mon neveu. (A part.) Mon oncle!... mon oncle!... Je n'aime pas ce nom-là... Ça me vieillit...

ACTE DEUXIÈME.

SAVINIEN.

Je ne vous dérange pas?

FRONTIGNAC.

Non!

SAVINIEN.

Convenez, mon oncle, que la reconnaissance s'est faite d'une façon bien originale. Ne suis-je pas assez maladroit pour aller me jeter dans deux tête-à-tête charmants, par ma foi!... Vous avez dû m'envoyer au diable, n'est-ce pas?...

FRONTIGNAC.

C'est-à-dire...

SAVINIEN.

Oh! ne vous gênez pas, et que vous avez eu raison..

FRONTIGNAC.

J'avoue qu'au premier abord ça m'a produit un drôle d'effet... celui d'une douche, mais maintenant...

SAVINIEN.

Maintenant?

FRONTIGNAC.

Je suis remis. Il paraît même que retrouver un neveu, ça creuse, car je me sens un furieux appétit.

SAVINIEN.

Tiens!... comme moi... Il y a sympathie...

FRONTIGNAC, appelant.

Dominique!...

DOMINIQUE, apportant la table.

Le déjeuner de Monsieur.

3.

FRONTIGNAC.

Eh bien, à table, mon neveu!...

SAVINIEN.

A table!

FRONTIGNAC, à part.

Ma foi!... il a l'air d'un bon vivant, et puisque je devais hériter d'un neveu, autant celui-là qu'un autre.

SAVINIEN, à part.

Un original, mon oncle... mais un brave homme au fond.

FRONTIGNAC.

Aussi, quelle idée mon frère a-t-il eue de ne pas me faire part de son mariage et de la naissance de son fils?

SAVINIEN.

Dam! mon oncle, je ne pouvais guère vous en faire part moi-même...

FRONTIGNAC.

C'est juste!...

SAVINIEN.

A votre santé, mon oncle... Il boit et fait une légère grimace.

FRONTIGNAC, à part.

Il paraît que mon Beaujolais est un peu jeune. (Appelant à demi-voix.) Hum! hum! Dominique!...

DOMINIQUE.

Monsieur!...

FRONTIGNAC, à demi-voix.

Tu ne pourrais pas nous donner quelque chose de meilleur... du Beaune, par exemple?

DOMINIQUE.

Peuh! monsieur, pour un neveu!

FRONTIGNAC.

Oui, mais je n'avais pas pensé à une chose, j'en bois aussi, moi.

DOMINIQUE.

C'est juste, nous disons : du beaune.

SAVINIEN, qui a entendu.

Non, non... ne changez rien pour moi, ce petit vin suffira. Je ne veux rien déranger à votre existence.

FRONTIGNAC.

Hein!...

SAVINIEN.

Ah! mon oncle, c'est à cette condition-là seulement que je fais la paix avec vous.

FRONTIGNAC.

Comment! comment!

SAVINIEN.

Je ne vous demande rien, je ne veux rien, vous avez fait votre vie, je ne veux pas la déranger... compagnon, si vous le permettez, embarras, jamais!...

FRONTIGNAC, à part.

Tiens! tiens! tiens! compagnon! j'aime mieux ce nom-là, ça rajeunit. (Dominique rentre et pose une autre bouteille sur la table. Haut.) A la santé de mon neveu. (Il lui verse à boire.)

SAVINIEN.

A votre santé... Il est meilleur ce vin-là.

FRONTIGNAC.

Je crois bien!... Je conviens qu'on n'est pas arrivé à mon âge, bien que je ne sois pas encore un fossile, sans avoir pris certaines habitudes avec lesquelles il serait désagréable de rompre... Cependant, en présence de devoirs nouveaux...

SAVINIEN.

Des devoirs! où ça?... Ce n'est pas moi, j'imagine, qui vous les apporte. Si vous dites encore un mot à ce sujet, mon oncle, je vous tire ma révérence et adieu!

FRONTIGNAC.

Ah! çà, mais il est... tu es charmant!... Ma foi, oui... je te tutoie... Ça ne te fait rien?...

SAVINIEN, lui serrant la main.

Ça me fait plaisir!...

FRONTIGNAC.

Et à moi aussi, sacrebleu!... Mais qu'est-ce que je me disais donc tout à l'heure?... Voilà que maintenant je suis enchanté... Parole d'honneur!... Il me manquait... tu me manquais.

SAVINIEN.

Mon oncle!...

FRONTIGNAC.

Je l'aurais commandé exprès qu'il ne serait pas autrement... Hum! hum!... Dominique?...

DOMINIQUE.

Monsieur!

FRONTIGNAC.

Dominique... va nous chercher une bouteille de Chambertin.

ACTE DEUXIÈME.

DOMINIQUE.

Hein !

FRONTIGNAC.

Deux !... si tu répliques...

DOMINIQUE.

Voilà ! voilà !... (A part.) Qu'est-ce qu'il lui prend ?... (Il sort.)

SAVINIEN.

Il me semble, mon oncle, que vous descendez gaiement le fleuve...

FRONTIGNAC.

Le courant est si rude à remonter !... Et puis la femme est un être si charmant, si pétri de vices et de défauts... Ah ! ça... aime-t-on en Amérique ?...

SAVINIEN.

Parbleu !

FRONTIGNAC.

Voyons cela. As-tu remarqué que la femme emprunte les trois quarts de ses charmes au milieu dans lequel on la place ? Vingt ans veulent être aimés en plein jour, trente ans aux lumières, et quarante à la nuit close. La blonde exige qu'on l'adore dans un oratoire tout tendu de damas bleu, la brune dans un sanctuaire capitonné de damas jaune... Aussi, au delà de cette porte, à droite et à gauche, les temples demandés.

SAVINIEN.

Oh ! oh !...

FRONTIGNAC.

Ris tant que tu voudras, mais on m'offrirait vingt mille francs pour quitter cet appartement, que je refuserais.

DOMINIQUE, entrant.

Le Chambertin demandé.

SAVINIEN.

Il est bon le Chambertin de mon oncle...

FRONTIGNAC.

Je crois bien... et maintenant, un cigare...

SAVINIEN.

Non! tenez!... Goûtez-moi ceux-ci!

FRONTIGNAC.

Excellents!

SAVINIEN.

Eh bien, mon oncle, j'en ai rapporté deux caisses à votre intention.

FRONTIGNAC.

Farceur! tu ne me connaissais pas... Mais voilà une heure que je bavarde, quand je devrais parler de toi... de tes projets. Voyons que fais-tu?...

SAVINIEN.

Ce qu'il faut pour gagner dix-huit cents francs par an.

FRONTIGNAC.

Tu dois piocher dur. Je voudrais faire quelque chose pour toi...

SAVINIEN.

Sapristi! mon oncle, il était convenu que nous ne parlerions pas de cela... Je ne vous ai pas cherché, moi, je ne suis pas tombé sur vous, moi!...

FRONTIGNAC.

Il ne sera pas dit...

SAVINIEN.

Tenez, mon oncle, si je refuse votre argent, vous pouvez cependant me rendre un grand service...

ACTE DEUXIÈME.

FRONTIGNAC.

Parle... et vivement.

SAVINIEN.

Il est une jeune fille!...

FRONTIGNAC.

Que tu aimes... et qui t'aime... parfait... nous l'enlevons.

SAVINIEN.

C'est-à-dire...

FRONTIGNAC.

Nous l'enlevons... Boudoir bleu ou jaune?

SAVINIEN.

Avant d'en venir là, je préférerais essayer d'un autre moyen... je voudrais l'épouser.

FRONTIGNAC, scandalisé.

L'épouser? Toi!... un Américain, un jeune homme, un gaillard!... Tu donnes dans le bon motif.

SAVINIEN.

En Amérique on n'en connaît pas d'autres.

FRONTIGNAC.

Mets-toi à mon école, je te ferai cultiver les autres.

SAVINIEN.

Non, mon oncle, jamais... je suis d'ailleurs amoureux fou.

FRONTIGNAC.

Raison de plus pour faire des folies...

SAVINIEN.

Des folies?... Oh!... tout ce que vous voudrez... mais... mais... comme vous dites... pour le bon motif.

FRONTIGNAC.

Du moins, c'est original. Toutefois, je me tais. Dis-moi le service que tu attends de moi.

SAVINIEN.

Vous connaissez l'oncle de Madeleine... monsieur Carbonnel?...

FRONTIGNAC.

Si je le connais!... un vieux farceur comme moi... Il demeure précisément dans cette maison, l'étage au-dessus... Savinien...

SAVINIEN.

Mon oncle!...

FRONTIGNAC

C'est bien décidé. Une fois, deux fois, trois fois, pas de regrets.

SAVINIEN.

Non!

FRONTIGNAC.

Adjugé! (A Dominique.) Prie M. Carbonnel d'entrer chez moi en descendant. (Dominique sort.)

SAVINIEN.

Que prétendez-vous?

FRONTIGNAC.

Parbleu! faire la demande. Recules-tu? Reviens-tu à de bons sentiments? Non! alors laisse-moi agir à ma guise.

SAVINIEN.

Si vous alliez compromettre...

FRONTIGNAC.

Une affaire! jamais! les femmes, je ne dis pas.

SCÈNE III.

FRONTIGNAC, SAVINIEN, CARBONNEL.

CARBONNEL.

Tu m'as fait demander. Eh! mais, ton neveu d'Amérique, un charmant garçon.

SAVINIEN.

Monsieur!

FRONTIGNAC.

Tu trouves?

CARBONNEL.

Assurément!

FRONTIGNAC.

Pèse bien ta réponse! Tu viens de dire de mon neveu Savinien : Charmant garçon. Je ne veux pas te prendre en traître. Regarde. (A Savinien.) Tourne-toi! là! marche un peu.

SAVINIEN.

Mais...

FRONTIGNAC.

Est-ce que tu ne sais plus marcher? fais quelques pas, là! retourne-toi...

CARBONNEL.

Ah ça?..

FRONTIGNAC.

Maintiens-tu ton opinion?

CARBONNEL.

Quelle opinion?

FRONTIGNAC.

Qu'il est charmant!

CARBONNEL.

Mais oui.

FRONTIGNAC.

Tu vois comme c'est construit,... un vrai Frontignac, retour d'Amérique... La poitrine large, bon estomac, bon pied, trente-deux dents, pas davantage.

CARBONNEL.

Est-ce qu'il est à vendre?

FRONTIGNAC.

Précisément! (A Savinien.) Tu peux t'asseoir. (A Carbonnel.) J'ai l'honneur de te demander, pour mon neveu Savinien de Frontignac, la main de mademoiselle Madeleine, ta nièce.

CARBONNEL.

Ah bah!

SAVINIEN.

Mon oncle!

FRONTIGNAC.

Eh bien?

CARBONNEL.

Mais...

FRONTIGNAC.

Tu consens? parfait! je n'attendais pas moins de ta vieille amitié. Savinien, embrasse ton nouvel oncle.

SAVINIEN.

Serait-il vrai?

CARBONNEL.

Permettez, permettez, jeune homme.

ACTE DEUXIÈME.

FRONTIGNAC.

Quoi?

CARBONNEL.

Que diable!

FRONTIGNAC.

Mais encore?

CARBONNEL.

Donne-moi le temps de respirer.

FRONTIGNAC.

Respire. Est-ce fini?

CARBONNEL.

Tu as une manière de demander aux gens la main de leur nièce.

FRONTIGNAC.

C'est la bonne; mais enfin il ne sera pas dit que j'ai employé la violence avec toi... Parle, mais parle vite.

CARBONNEL.

D'abord, où monsieur Savinien a-t-il connu Madeleine?

FRONTIGNAC.

Au Havre... Après?

CARBONNEL.

Après.... après... Il est vrai que c'est un charmant garçon, je le répète.

FRONTIGNAC.

C'est convenu...

CARBONNEL.

Eh bien!.. Oui, là je ne m'en dédis pas. Il me plaît, c'est ton neveu!..

FRONTIGNAC.

Savinien, embrasse...

SAVINIEN.

Ah! monsieur...

FRONTIGNAC, à Savinien.

Maintenant, monte chez Carbonnel, demande mademoiselle Madeleine, dis-lui qu'elle possède le meilleur des oncles, un oncle invraisemblable, et ramène-là ici; c'est bien le moins que j'embrasse ma nièce... Sapristi, ça m'est bien dû. (Savinien sort précipitamment par le fond.)

CARBONNEL.

Qu'est-ce qu'il dit! qu'est-ce qu'il dit! Mais non! mais non! Comme tu mènes les affaires, toi?

FRONTIGNAC.

Parbleu!.. ces enfants, ils sont pressés d'être heureux.

CARBONNEL.

Allons, si ça fait leur bonheur. Il ne s'agit plus maintenant que de régler la question d'intérêt.

FRONTIGNAC.

Oh! est-ce bien nécessaire? Ils s'aiment et n'en demandent pas davantage.

CARBONNEL.

C'est donc à nous d'être raisonnables pour eux. Ma nièce n'a pas une grande fortune, une petite ferme en Normandie. Et ton neveu?

FRONTIGNAC.

Savinien,... il n'a rien.

CARBONNEL.

Hein!

FRONTIGNAC.

Je dis qu'il n'a rien, parbleu!.. Mais est-ce qu'on s'arrête à ces misères-là! Tu n'as donc jamais aimé, Carbonnel?

CARBONNEL.

Il ne s'agit pas de moi, mais de Madeleine, et voilà qui change singulièrement la question.

FRONTIGNAC.

Eh bien! mais, après tout, ne suis-je pas là?

CARBONNEL.

Que ne le disais-tu de suite... Que donnes-tu à ton neveu?

FRONTIGNAC.

Ah! sapristi, mais j'y pense... je ne possède rien, moi,.. j'ai mis tout mon bien en viager...

CARBONNEL.

Tu dis?

FRONTIGNAC.

Une jolie idée que j'ai eue... mon pauvre Savinien!.. Vieil égoïste que je suis!.. Dam!.. Je ne l'attendais pas!

CARBONNEL.

Oh! oh! mais alors...

FRONTIGNAC.

Rassure-toi... Si je n'ai plus de capital, j'ai du revenu, et je compte bien partager mes rentes avec Savinien.

CARBONNEL.

Tant que tu seras là, très-bien;... mais après toi...

FRONTIGNAC.

Rassure-toi... Je n'ai pas la moindre envie...

SCÈNE IV.

Les Mêmes, SAVINIEN, amenant MADELEINE.

SAVINIEN.

Ma chère Madeleine, remercions cet excellent oncle.

CARBONNEL.

C'est inutile... tout est rompu !

FRONTIGNAC.

Hein !

MADELEINE.

Mon oncle !

CARBONNEL.

Je retire mon consentement.

SAVINIEN.

Monsieur ! Ah ! ma pauvre Madeleine. (Il l'embrasse.)

CARBONNEL.

Voulez-vous bien ne pas embrasser ma nièce ?... A-t-on jamais vu...

FRONTIGNAC.

Carbonnel ! Comment, ces larmes ne te touchent pas...

MADELEINE.

Je ne me consolerai jamais !

SAVINIEN.

J'en mourrai. (Il embrasse Madeleine.)

CARBONNEL, les séparant.

Il ne respecte rien, l'Américain ! Sapristi ! c'est trop fort !...

Trépassez, mon cher monsieur, si cela peut vous être agréable, mais vous n'aurez pas ma nièce. (Carbonnel et Madeleine sortent.)

SCÈNE V.

FRONTIGNAC, SAVINIEN.

FRONTIGNAC.

Tu me le payeras, vieux coquin !

SAVINIEN.

Mais, mon oncle, me direz-vous la cause d'un changement si subit. Il y a un quart d'heure, monsieur Carbonnel consentait à ce mariage, maintenant il me refuse tout espoir ?

FRONTIGNAC.

C'est un animal !

SAVINIEN.

Qui a pu amener un revirement si subit ?

FRONTIGNAC.

Qui ?... ma foi !... je n'en sais rien !

SAVINIEN.

Bien vrai, mon oncle ?

FRONTIGNAC.

Parole... Eh bien ! non ! je m'en doute...

SAVINIEN.

Et c'est ?...

FRONTIGNAC.

Écoute, Savinien, tu ne m'en voudras pas. D'abord, je ne

pouvais pas me douter qu'il allait m'arriver un neveu... un neveu qui me plaît, que j'aime... Aujourd'hui, je te jure que j'en suis vraiment désolé... et que, si c'était à refaire... mais que veux-tu?... il est trop tard...

SAVINIEN.

Mais encore, mon oncle...

FRONTIGNAC.

Eh bien! Savinien, je suis un gros égoïste.

SAVINIEN.

C'est entendu...

FRONTIGNAC.

Savinien, tu ne m'en voudras pas?

SAVINIEN

Non! non... mille fois non!

FRONTIGNAC.

Eh bien! j'ai mis toute ma fortune en viager. Vois-tu bien, si j'avais pu deviner...

SAVINIEN, l'interrompant.

Mais mon oncle... pourquoi vous excuser?... N'êtes-vous pas le maître?...

FRONTIGNAC.

Je sais bien, je sais bien; mais il n'en est pas moins dur, au moment où un petit sacrifice aurait pu assurer ton bonheur, de ne pouvoir rien, absolument rien... J'ai trente mille livres de rente, mais on les enterrera avec moi.

SAVINIEN.

Excellente idée... Cela vous tiendra chaud...

ACTE DEUXIÈME.

FRONTIGNAC.

Comment... tu ne m'en veux pas?

SAVINIEN.

Moi!... Allons donc!... Ce que je vous demande, c'est votre affection, voilà tout.

FRONTIGNAC.

Pourquoi Carbonnel ne se contente-t-il pas de cela?...

SAVINIEN.

Je comprends!...

FRONTIGNAC.

Ça ne fait rien, mon garçon... Ce que tu viens de me dire là, vois-tu... je ne l'oublierai pas... D'abord, nous allons commencer par partager, et puis, il faudra bien que je trouve le moyen de te faire épouser Madeleine...

SAVINIEN.

Vous espérez encore?

FRONTIGNAC.

Si j'espère?... Je crois bien! Elle est charmante, cette petite fille! Tiens, écoute, laisse-moi, je vais aller consulter mon notaire, et je compte bien avant deux heures pouvoir te donner de bonnes nouvelles... Vrai, tu ne m'en veux pas?...

SAVINIEN.

Vous êtes le meilleur des oncles... Au revoir, mon oncle.

FRONTIGNAC.

Dans deux heures... et bon espoir!... (Savinien sort.)

SCÈNE VI.

FRONTIGNAC, puis DOMINIQUE.

FRONTIGNAC, seul.

Le diable m'emporte si je sais encore comment je réussirai... Ah! qui m'eût dit hier qu'aujourd'hui, moi, le vieil égoïste qui n'ai jamais pensé qu'à moi, je romprais avec toutes les traditions de ma vie, je me mettrais la cervelle à l'envers pour un petit bonhomme que je connais à peine... Ah! celui-là m'eût furieusement étonné... La famille! on en rit, oui, des imbéciles... C'est bête, si l'on veut, mais je l'aime, moi, ce petit bonhomme!... et nous allons voir!... Dominique! Dominique.

DOMINIQUE, entrant.

Monsieur m'appelle?

FRONTIGNAC.

Je vais m'habiller pour sortir...

DOMINIQUE.

Déjà!... Il est midi à peine...

FRONTIGNAC.

Ça vous dérange?...

DOMINIQUE.

Dam! monsieur, je suis entré chez un garçon, et maintenant me voilà chez un père de famille... C'est désagréable...

FRONTIGNAC.

C'est bon!... Une autre fois, je vous consulterai, monsieur Dominique. En attendant, mon chapeau...

DOMINIQUE, apportant un chapeau gris.

Voilà, monsieur!...

FRONTIGNAC.

Un chapeau gris, et il pleut. Vous plaisantez... Donnez-moi un chapeau noir...

DOMINIQUE.

Monsieur sait bien qu'il n'en a plus. Le dernier, monsieur l'avait porté près d'un mois, je l'ai vendu...

FRONTIGNAC.

Allons!... c'est bien!

DOMINIQUE.

Comme les habits, les gants et les cravates... D'ordinaire, les maîtres laissent quelque chose à leurs domestiques par testament... Monsieur a mis tout son bien en viager...

FRONTIGNAC.

Odieux, mais logique! (A Dominique) Une autre fois, nous causerons de cela, maître Dominique, nous en recauserons. (Il sort.)

SCÈNE VII.

DOMINIQUE, puis MARCANDIER.

DOMINIQUE, seul.

Tous ces vieux garçons, ça ne pense qu'à soi... Des égoïstes!... Nous avions bien besoin de ce neveu d'Amérique. C'est un beau pays, pourquoi n'y est-il pas resté?...

MARCANDIER, entrant.

Monsieur Frontignac est chez lui?...

DOMINIQUE.

Ah! ce bon M. Marcandier, pas mal, et vous?

MARCANDIER.

Très-bien, merci! — Et ton maître?

DOMINIQUE.

Il est à sa toilette.

MARCANDIER.

Que je ne le dérange pas, j'ai le temps d'attendre. (A part.) Et je ne serais pas fâché de prendre quelques petits renseignements. (Haut.) Comment va-t-il, ce cher Frontignac?

DOMINIQUE.

Pas mal, et vous?

MARCANDIER.

Ah! tant mieux! tant mieux! Il se fatigue?

DOMINIQUE.

Mais non!

MARCANDIER.

Tant mieux! tant mieux! Il devrait se soigner, nous sommes tous mortels.

DOMINIQUE.

Se soigner, lui, allons donc. La vue d'un médecin suffirait à le rendre malade.

MARCANDIER.

Qui parle de médecin? Il faut le soigner sans qu'il sans doute, par un régime sain et fortifiant. Est-ce qu'il porte de la flanelle?

ACTE DEUXIÈME.

DOMINIQUE.

Par exemple!

MARCANDIER.

Très-bien! La flanelle est une invention de la Faculté pour grossir la liste de ses visites. Ça irrite la peau et ça donne des rhumatismes.

DOMINIQUE.

Ah!

MARCANDIER.

Quand il rentre le soir, fatigué, ayant froid, il doit prendre quelque réactif?

DOMINIQUE.

Non!

MARCANDIER.

Quelle imprudence! Il n'y a rien de tel en ce cas qu'un petit verre d'absinthe pour ramener la chaleur et faire circuler le sang.

DOMINIQUE.

Ah! vraiment?

MARCANDIER.

Tout le monde te le dira, excepté bien entendu les médecins; ça ne ferait pas leur compte.

DOMINIQUE.

C'est bon à savoir. (A part.) Je commencerai le remède sur moi-même. (Haut.) Voyons! n'oublions rien. Nous avons dit pas de flanelle!

MARCANDIER.

Jamais de flanelle!

DOMINIQUE.

Et un petit verre d'absinthe tous les soirs.

4.

MARCANDIER.

Pas trop petit! Tu peux même ajouter tous les matins.

DOMINIQUE.

Parfait! Mettons-en deux!

MARCANDIER.

C'est que, ce cher Frontignac, s'il lui arrivait malheur, je ne m'en consolerais jamais!

DOMINIQUE.

Ah! Monsieur est bien heureux de posséder un ami aussi sincère! aussi dévoué!

MARCANDIER.

Et un serviteur aussi éclairé, aussi intelligent!

DOMINIQUE.

Ah! voici monsieur!

MARCANDIER.

Silence sur tout ce que nous avons dit.

DOMINIQUE.

Je crois bien! (Il sort.)

SCÈNE VIII.

MARCANDIER, FRONTIGNAC.

FRONTIGNAC, venant de droite.

Monsieur Marcandier!

MARCANDIER, à part.

Il se porte à humilier le Pont-Neuf! mais patience, patience! (Haut.) cher monsieur Frontignac, je ne vous dérange pas?

FRONTIGNAC.

J'allais sortir, mais rien ne presse.

MARCANDIER.

Je vous apporte le quartier de rentes.

FRONTIGNAC.

Exact comme un créancier.

MARCANDIER.

Sans reproche, voilà dix ans que cela dure.

FRONTIGNAC.

Sans reproche est joli.

MARCANDIER.

Dans cinq ans je commence à perdre, et dans dix je suis ruiné.

FRONTIGNAC, incrédule.

Oh! oh!

MARCANDIER.

C'est comme je vous le dis.

FRONTIGNAC.

Alors, je ne vois plus qu'un moyen : c'est de me guetter au coin d'un bois.

MARCANDIER.

La justice?

FRONTIGNAC.

Trop juste! Vous voyez les choses par leur côté positif, monsieur Marcandier.

MARCANDIER.

L'habitude des affaires. — N'importe, je me souviendrai longtemps de la folie que j'ai faite.

FRONTIGNAC, à part.

Oh! une idée! Mais oui! Comment n'y ai-je pas pensé tout de suite! (Haut.) Ainsi vous regrettez notre contrat, monsieur Marcandier!

MARCANDIER.

Oh oui!

FRONTIGNAC.

Alors, si je vous proposais de le rompre?

MARCANDIER.

Hein! vous dites?

FRONTIGNAC.

Cela vous convient-il?

MARCANDIER.

Il le demande!... Mais regardez-vous donc, malheureux!

FRONTIGNAC.

Voici. J'ai absolument besoin d'argent, d'argent comptant.

MARCANDIER, à part.

Ah! il a absolument...

FRONTIGNAC.

De sorte que si vous le voulez, vous me rendrez mon capital, et je vous tiendrai quitte de votre rente.

MARCANDIER.

Oh! oh! comme vous y allez! vos 300,000 francs... Mais c'est un marché de dupe que vous m'offrez là.

ACTE DEUXIÈME.

FRONTIGNAC.

Pour moi, je le sais bien !

MARCANDIER.

Pour vous ! Vous aimez rire ! Vous n'avez pas déjà si bonne mine, mon cher Monsieur.

FRONTIGNAC.

Comment !

MARCANDIER.

D'un jour à l'autre, je puis bien avoir l'espoir...

FRONTIGNAC.

Voulez-vous bien vous taire ! Si vous croyez que c'est réjouissant ce que vous me dites là...

MARCANDIER.

Enfin, il est certain que notre contrat a dix ans de date, et qu'en conséquence vous avez dix ans de plus que le jour où vous l'avez signé.

FRONTIGNAC.

Alors, vous refusez ?

MARCANDIER.

Je n'ai pas dit cela. (A part.) Il a absolument besoin... (Haut.) Seulement, il est juste de faire subir au prix une certaine diminution.

FRONTIGNAC.

Quelle diminution ?

MARCANDIER.

Deux cents, au lieu de trois cents; cela vous convient-il ?

FRONTIGNAC.

Deux cents, soit !

MARCANDIER, à part.

Il a accepté bien vite. J'ai trop offert; mais n'importe, bâti comme il est, j'y risque trop.

FRONTIGNAC.

Voilà qui est entendu. Que faut-il faire?

MARCANDIER.

Nous allons passer un bout d'écrit provisoire ici-même.

FRONTIGNAC, se levant.

Il a là des plumes et du papier.

SCÈNE IX.

Les Mêmes, puis DOMINIQUE.

FRONTIGNAC, à part.

C'est une affaire réglée, cela changera un peu ma manière de vivre. Mais bah! Savinien est un bon garçon!

DOMINIQUE, entrant mystérieusement.

Monsieur!

FRONTIGNAC, bas.

Hein! qu'y a-t-il?

DOMINIQUE.

Une femme! boudoir bleu!

FRONTIGNAC.

Une blonde!

DOMINIQUE.

Inconnue!

FRONTIGNAC, à Marcandier.

Tenez, mon bon ami, passez dans ma bibliothèque, vous serez plus tranquille. Y en a-t-il pour longtemps?

MARCANDIER.

Dame!

FRONTIGNAC.

Bien, je vous rejoins. Toi, Dominique, conduis et installe ce bon M. Marcandier. (Bas.) Et puis, je n'y suis pour personne!

DOMINIQUE, bas.

Compris. (A part.) On m'avait changé mon maître, je le retrouve.

Il sort avec Marcandier par la droite. Antonia entre par la gauche.

SCÈNE X.

FRONTIGNAC, ANTONIA.

ANTONIA.

Monsieur!

FRONTIGNAC.

Ah! ici, chez moi! Que je vous remercie!

ANTONIA.

Ne me remerciez pas avant de connaître le motif de ma visite.

FRONTIGNAC.

Ne me dites rien, je ne veux rien savoir. Vous êtes ici, j'ai le bonheur de vous contempler, de vous dire : je vous aime. Que me faut-il de plus?

ANTONIA.

Cependant une pareille démarche...

FRONTIGNAC.

Je ne l'oublierai jamais. Elle finira par être touchée de mon amour, pensais-je.

ANTONIA.

Avant tout, promettez-moi...

FRONTIGNAC.

Le mystère! Oh! madame, de grand cœur, je suis si heureux!

ANTONIA.

Monsieur, un pareil langage!... Vous vous méprenez singulièrement sur le but de cette visite. Veuillez m'écouter.

FRONTIGNAC.

Parlez, madame!

ANTONIA.

J'ai pu être quelque peu légère avec vous... je m'en accuse.

FRONTIGNAC.

Il n'y a que vous, madame, pour vous en accuser, car moi...

ANTONIA.

Je vous ai écrit.

FRONTIGNAC.

Une lettre, madame, une seule!... en m'envoyant vingt-cinq billets de concert. (A part.) 500 francs!

ANTONIA.

Précisément; lettre bien innocente.

FRONTIGNAC.

Trop innocente!

ANTONIA.

Mais dont le post-scriptum pourrait me compromettre, si elle tombait entre les mains de Roquamor. Mon mari est jaloux, soupçonneux. J'ai la conviction qu'il me surveille, qu'il m'épie.

FRONTIGNAC.

Eh! quoi! il vous fait cette injure et vous ne vous vengeriez pas! Oh! ne retirez pas cette main adorable, cette première page du livre si délicieux à feuilleter.

ANTONIA.

Ne feuilletez pas, monsieur, je vous en prie... Eh bien, cette lettre, je viens vous la redemander.

FRONTIGNAC.

Jamais, madame, jamais! (A part.) Elle me coûte assez cher!

ANTONIA.

C'est à un galant homme que je m'adresse.

FRONTIGNAC.

Et vous croyez avoir tout dit quand vous avez dit cela. Cette lettre qui porte la trace de mes baisers, cette lettre que je relis chaque jour... (A part.) Où diable puis-je bien l'avoir fourrée? (Haut.) Cette lettre, ma seule consolation dans ma solitude, mon sang, ma vie, vous avez le courage de me la redemander.

ANTONIA.

Du calme!

FRONTIGNAC.

Antonia !

ANTONIA.

Monsieur !

FRONTIGNAC.

Je m'étais dit : Un jour elle aura pitié de cet homme qui ne lui demande rien, car je ne vous demande rien .., (Il l'embrasse.) de cet amour timide, de ce dévouement muet. (Il l'embrasse.) Et c'est maintenant que vous venez me réclamer cette lettre. (A part.) Le diable m'emporte si je sais où elle est.

ANTONIA.

Stanislas !

FRONTIGNAC.

Antonia ! (Il tombe à ses genoux.)

ROQUAMOR, en dehors.

J'entrerai, vous dis-je !

ANTONIA.

La voix de mon mari !

FRONTIGNAC, se relevant.

Lui ? Sapristi ! Ne m'a-t-on pas dit qu'il est féroce ?

ANTONIA.

Il m'aura suivie. Je suis perdue.

FRONTIGNAC.

Ah ! diable !

ANTONIA.

Ah ! une idée ! du sang-froid, et dites comme moi !

SCÈNE XI.

Les mêmes. ROQUAMOR.

ROQUAMOR, paraissant au fond.

Je ne m'étais pas trompé!

ANTONIA, à Frontignac.

Seulement, je vous demanderai si les cheminées ne fument pas.

FRONTIGNAC.

Vous dites, les cheminées?

ROQUAMOR, à part.

Les cheminées! (Haut.) Madame...

ANTONIA, feignant l'étonnement.

Vous! quelle heureuse rencontre!

FRONTIGNAC, à part.

Que dit-elle?

ROQUAMOR.

Hein?

ANTONIA.

Vous allez me donner votre avis.

ROQUAMOR.

Mon avis! Quand je vous trouve ici, il est clair, mon avis.

ANTONIA.

Eh bien, je visite cet appartement, il est à louer, et puisque nous déménageons...

FRONTIGNAC, à part.

Comment, à louer! (Bas.) Mais, mais, permettez.

ANTONIA.

Du sang-froid, et dites comme moi; voulez-vous me perdre?

FRONTIGNAC.

Non, mais...

ROQUAMOR, soupçonneux.

Ah! cet appartement est à louer, et c'est pour cela que...

ANTONIA, naïvement.

Et pourquoi voulez-vous que ce soit, mon ami?

FRONTIGNAC.

C'est juste! Pourquoi voudriez-vous que... (A part.) Très-forte, Antonia.

ROQUAMOR.

Ainsi, cet appartement est...

ANTONIA.

Charmant : huit fenêtres sur la rue; huit, n'est-ce pas?

FRONTIGNAC.

En effet, huit.

ANTONIA.

Aucune pièce ne se commande; grand et petit salons, boudoir, bibliothèque, trois chambres à coucher, cabinet de toilette, n'est-ce pas?

FRONTIGNAC.

De toilette, parfaitement... et autres.

ANTONIA.

Deux caves, n'est-ce pas?

FRONTIGNAC.

Deux, parfaitement. Ah! tenez, nous allons visiter les caves, hein?

ROQUAMOR.

Inutile, je les connais. Je connais l'appartement, je connais le propriétaire.

FRONTIGNAC.

Carbonnel, mon ami Carbonnel.

ROQUAMOR.

Notre ami Carbonnel; mais je connais de même le prix.

FRONTIGNAC.

Ah! voilà, cinq mille francs!

ANTONIA.

Que M. Frontignac réduit à deux mille jusqu'à la fin de son bail.

FRONTIGNAC.

Hein?

ANTONIA.

Puisqu'il est forcé de déménager.

ROQUAMOR.

Ah! vous abaisseriez à deux mille.

FRONTIGNAC.

Moi? je... (A part.) Ah! trop forte, Antonia.

ROQUAMOR.

En ce cas, ça me va très-bien.

FRONTIGNAC.

Seulement, ah! seulement, il ne faut pas vous dissimuler que les cheminées fument.

ROQUAMOR.

Un détail!

ANTONIA.

Un détail!

FRONTIGNAC, dérouté.

Un détail? Dam! mon Dieu! après tout... un détail. (A part.) Ah! mais beaucoup trop forte, Antonia. (Marcandier rentre.)

SCÈNE XII.

Les Mêmes, MARCANDIER.

ROQUAMOR.

Toutefois, pourquoi donc êtes-vous forcé de quitter cet appartement?

FRONTIGNAC.

Je suis forcé... je suis forcé sans l'être. J'hésite encore, il est vrai.

ROQUAMOR, soupçonneux.

Mais alors...

ANTONIA.

Impossible! puisque vous êtes malade.

ACTE DEUXIÈME.

FRONTIGNAC.

Je suis...

ANTONIA, bas.

Il me tuerait!

ROQUAMOR.

Vous êtes malade?

FRONTIGNAC.

Hélas!

MARCANDIER, à part.

Allons donc!

FRONTIGNAC.

Dangereusement!

ANTONIA.

La poitrine, les bronches! Il n'est que temps d'aller respirer l'air du Midi.

MARCANDIER, à part.

Il m'enfonçait!

FRONTIGNAC, suffoqué.

Mais... mais... sapristi...

ANTONIA, bas.

Toussez, il se méfie. Oh! toussez!

FRONTIGNAC.

Que je .. Ah! (Il tousse.)

ANTONIA.

Là! là!

ROQUAMOR.

Pauvre monsieur Frontignac!

MARCANDIER, à part, s'esquivant.

Attendons la chute des feuilles.

ANTONIA

Un verre d'eau !

ROQUAMOR, lui tapant dans le dos.

De la fleur d'oranger !

FRONTIGNAC, à part.

C'est que je tousse pour de vrai... la colère... j'étouffe... j'étrangle. (Rideau.)

ACTE TROISIÈME.

Même décor qu'au deuxième acte.

SCÈNE PREMIÈRE.

DOMINIQUE seul, puis SAVINIEN.

DOMINIQUE.

Ce qu'il a changé en une semaine, mon pauvre maître, c'est inconvenant! Il ne parle plus que de la vie de famille, de tranquillité, d'ordre. Il m'humilie. Aussi ce que je vas le lâcher!... Je voudrais avoir autant de pièces de cent sous que je vas lui donner mes huit jours. Ah! bon, voilà l'autre!

SAVINIEN, entrant.

Mon oncle? Où est mon oncle?

DOMINIQUE.

Il doit dire des patenôtres, je vas le chercher. (Il sort.)

SAVINIEN, seul.

Cette pauvre Mme Roquamor, elle m'a ému. « Je ferai tout ce que vous voudrez, m'a-t-elle dit; mais ayez-moi cette lettre. Oh! cette lettre! » Elle avait les larmes aux yeux. Dame, je l'embrassais comme du pain, tant que je pouvais. Bien méritante, cette pauvre dame-là.

SCÈNE II.

SAVINIEN, FRONTIGNAC.

FRONTIGNAC.

Ah! te voilà, gamin.

SAVINIEN.

Mon oncle, Mme Roquamor est chez le portier, elle m'a supplié de lui rapporter sa lettre, n'osant pas venir vous la demander elle-même.

FRONTIGNAC.

Elle n'ose pas? Dieu soit loué! nous voilà tranquilles. Quant à sa lettre, je l'aurai brûlée.

SAVINIEN.

Mais...

FRONTIGNAC.

Rien du tout! Elle me fait frémir, cette femme-là. Je ne veux pas la voir. Je ne veux pas en parler, je ne veux pas y penser. Elle est chez le portier? Qu'elle reste chez le portier. Ah! a-t-il de la veine, le portier. Il ne sait pas comme il va s'amuser tout à l'heure. Le mari doit être à guetter au coin de la rue. Je te parie qu'elle fait déménager le portier.

SAVINIEN.

Ah! ça, mais, mon oncle...

FRONTIGNAC.

Non, tu ne sais pas, tu ne peux pas savoir! Je t'en supplie, ne me parle jamais de Mme Roquamor.

SAVINIEN.

Il faut vous dire qu'au fond ça m'est absolument égal.

FRONTIGNAC.

En ce cas, plus un mot, et dis-moi, voyons, où en sont tes amours?

SAVINIEN.

Ça va bien, seulement M. Carbonnel m'a mis à la porte, et depuis la semaine dernière je n'ai pu échanger un mot avec Madeleine.

FRONTIGNAC.

Eh bien! j'ai correspondu pour toi. Regarde! (Il va à la fenêtre du fond et prend un peloton de laine qui pend à un long bout de fil.)

SAVINIEN.

Qu'est-ce que cela?

FRONTIGNAC.

La petite poste. (Poussant une exclamation.) Ah!

SAVINIEN.

Quoi?

FRONTIGNAC.

J'en étais sûr, vois, au coin de la rue. Tu ne le reconnais pas? Roquamor! Il guette!

SAVINIEN.

N'y pensons donc plus. Voyons, mon oncle. Vous l'avez dit ous-même : je ne veux plus penser à Mme Roquamor.

FRONTIGNAC.

Je ne pense pas à elle. Je pense au portier. Ah! qu'il va donc s'amuser tout à l'heure.

SAVINIEN.

Tant mieux, tant mieux! Mais cette petite poste! quoi? Je ne comprends pas.

FRONTIGNAC.

Eh bien! hier, à cette fenêtre, je fumais mélancoliquement un de tes excellents cigares, en pensant à certain cheveu gris que le matin même Dominique avait cru découvrir sur ma tempe gauche, quand j'entends pousser un petit cri. Je lève la tête et j'aperçois Madeleine qui venait de laisser tomber un peloton de laine. Je rattrape au vol ledit peloton, j'écris à la hâte sur un bout de papier : « Mademoiselle, mon neveu sèche d'amour pour vous; si vous ne lui répondez pas, je le connais, il est homme à se brûler la cervelle. » J'attache le poulet à la boule de laine, je fais un signe, le fil remonte, emportant ta déclaration. Un instant après il redescend, rapportant la réponse. Tiens, la voilà! (Il lui donne une lettre qu'il tire de sa poche.) « Que M. Savinien ne se brûle rien, je n'aime et n'aimerai jamais que lui. » Est-ce charmant? Hein!

SAVINIEN, baisant la lettre.

Chère Madeleine!

FRONTIGNAC.

Dès lors la route était connue. Depuis hier nous avons échangé mille protestations plus incendiaires les unes que les autres... à faire venir les pompiers... Tiens, si tu veux t'enivrer de ses pattes de mouche, en voilà! scélérat, en voilà! (Il lui donne une liasse de lettres.)

SAVINIEN, les baisant avec transport.

O bonheur!

ACTE TROISIÈME.

FRONTIGNAC, le contemplant.

Oh! la jeunesse! la jeunesse! que c'est beau! Et contente à si peu de frais! On n'a jamais rien inventé, on n'inventera jamais rien de mieux.

SAVINIEN.

Oh! mon oncle! Si moi-même?...

FRONTIGNAC.

Parfaitement. — Écris, Savinien, et sois chaud, sois éloquent.

SAVINIEN, après avoir écrit.

C'est fait.

FRONTIGNAC.

Tu lui as dit : je vous aime?

SAVINIEN.

Trois fois.

FRONTIGNAC.

Très-bien! — Et que son oncle est un tyran!

SAVINIEN.

Tout le temps.

FRONTIGNAC.

Très-bien. (Il attache la lettre au peloton et fredonne.)

Dans une cour obscure...

SAVINIEN.

Que chantez-vous là?

FRONTIGNAC.

C'est le signal. Tu vois. (Le peloton remonte.) Là, maintenant! attendons la réponse!

SAVINIEN, lui prenant la main.

Ah! mon oncle! quelle bonne idée j'ai eue de vous retrouver.

FRONTIGNAC.

Tu m'as retrouvé!... Je t'ai retrouvé aussi.

SAVINIEN.

Si je devais renoncer aujourd'hui à celle que j'aime, je ferais un coup de ma tête.

FRONTIGNAC.

Quoi donc?

SAVINIEN.

Une chose risquée, mais décisive.

FRONTIGNAC.

Pas besoin, voilà la réponse. — Ah! laisse-moi faire. (Il prend le billet attaché au peloton.) Voyons! Dégustons, savourons, Savinien, savourons, mon ami!

SAVINIEN.

De grâce.

FRONTIGNAC, flairant le billet.

Quel parfum! — Respire-moi cela, ça embaume.

SAVINIEN.

Mon oncle! vous me faites mourir!

FRONTIGNAC.

Eh bien, lisons! (Il lit.) « Je t'ai reconnu... » Elle te tutoie. « don Juan de pacotille. » Hein!

ACTE TROISIÈME.

SAVINIEN.

Hein!

FRONTIGNAC.

« Mais on n'attrape pas un vieux renard comme ton ami... Carbonnel. » Ah! le vieux gueux! Pincés, mon pauvre Savinien, que veux-tu! nous sommes pincés. (Flairant le billet et faisant la grimace.) Ce que c'est que l'illusion! Ça sent le tabac.

SAVINIEN.

Que faire?

FRONTIGNAC.

Ma foi, je t'avoue que mon sac est vide.

SAVINIEN.

Alors, en avant les grands moyens.

FRONTIGNAC.

Quels grands moyens?

SAVINIEN, à lui-même.

Il n'y a que cette ressource, tant pis!

FRONTIGNAC.

Quelle ressource?

VOIX DE CARBONNEL, au dehors.

Où est-il, ce vieux farceur?

FRONTIGNAC.

Carbonnel.

SAVINIEN.

Plus d'hésitations, occupez-le seulement un instant, mais occupez-le ferme! (Il sort de côté comme un fou.)

FRONTIGNAC.

Qu'est-ce qu'il a ?

SCÈNE III.

FRONTIGNAC, CARBONNEL.

CARBONNEL, d'un ton de bonne humeur.

Eh! bien, vieux farceur! toujours des fredaines. L'heure du repos ne sonnera donc jamais pour toi. Voilà que maintenant tu lances des déclarations par les fenêtres, tu inventes des ficelles électriques.

FRONTIGNAC.

Mon ami, c'est pour le bon motif. Tu ne peux pas t'imaginer comme nous en avons, des bons motifs!

CARBONNEL.

Tu veux absolument me prendre pour un tuteur de comédie, un bonhomme en pain d'épice...

FRONTIGNAC, se récriant.

En pain d'épice! Moi, ton vieil ami! Tu es dur!

CARBONNEL.

Et cela, parce que ton neveu revient d'Amérique. Autrefois, c'étaient les oncles qui revenaient de ce pays-là, et cousus d'or.

FRONTIGNAC.

Eh bien, oui, je conviens que j'ai eu tort... de n'avoir pas réussi. Mais que veux-tu? J'en ai assez de toutes ces diaboliques manœuvres qui dérangent mon existence et troublent les fonctions de mon estomac. Il faut que cela finisse, il faut que Savinien épouse Madeleine.

CARBONNEL, froidement.

C'est aussi mon avis.

FRONTIGNAC, étonné.

Hein! tu dis?

CARBONNEL.

Je dis! c'est aussi mon avis.

FRONTIGNAC.

Mais alors tout s'arrange! Je pensais : on m'a changé mon Carbonnel... Je le retrouve, ce bon, cet excellent Carbonnel. A quand la noce?

CARBONNEL.

Oh! pas si vite, je mets mes conditions.

FRONTIGNAC.

C'est trop juste. Voyons les conditions.

CARBONNEL.

Ton neveu a-t-il autre chose que les 1,800 francs de son bureau?

FRONTIGNAC.

Oui.

CARBONNEL.

Quoi?

FRONTIGNAC.

Ma bénédiction.

CARBONNEL.

Espères-tu rompre avec Marcandier?

FRONTIGNAC.

Oui!

CARBONNEL.

Quand?

FRONTIGNAC.

A mon décès!

CARBONNEL.

Passons!

FRONTIGNAC.

Jusqu'à présent les conditions me semblent assez douces.

CARBONNEL.

Frontignac!

FRONTIGNAC.

Mon bon Carbonnel.

CARBONNEL.

Connais-tu les assurances sur la vie?

FRONTIGNAC.

De réputation, ça doit faire mourir jeune.

CARBONNEL.

Au contraire! Ça fait vivre très-vieux. Écoute-moi donc. Je t'ai dit et je te répète que Madeleine ayant peu de fortune, il est de toute nécessité que ton neveu ait, sinon un capital acquis, du moins des espérances.

FRONTIGNAC.

Des espérances! Tu ne pourrais pas de servir d'un terme plus riant!

CARBONNEL.

Eh bien, l'assurance en cas de mort te donne le moyen de remplir la condition. Suis mon raisonnement.

FRONTIGNAC.

Volontiers, mais je t'en prie, ne parle pas trop de mon décès, cela m'est désagréable.

CARBONNEL.

Que reçois-tu de Marcandier! Dix pour cent de la somme qu'il a prise en viager, trente mille francs. Eh bien, distrais deux pour cent, six mille francs, de ce revenu, et consacre-les au payement d'une prime annuelle à ma compagnie qui, le jour où tu fermeras les yeux, — tu vois que je te ménage, — comptera deux cent mille francs à ton neveu Savinien.

FRONTIGNAC.

Tiens!... tiens! C'est fort ingénieux! Mais es-tu bien sûr que ça ne me portera pas malheur?

CARBONNEL.

Au contraire! La compagnie ne payant qu'à la mort de l'assuré, a tout intérêt à prolonger sa vie, elle veille sur lui, elle le protége comme une tendre mère; tous les centenaires dont on publie les noms dans les journaux sont nos clients. Je gagerais que de son temps feu Mathusalem... sa longévité inusitée ne pourrait guère s'expliquer autrement.

FRONTIGNAC.

Voyons, pas de bêtises, tu es bien sûr de ça? toi.

CARBONNEL.

Ne suis-je pas directeur de la *Lutécienne*?

FRONTIGNAC.

C'est juste!

CARBONNEL.

Eh bien, voyons! la condition te convient-elle?

FRONTIGNAC, hésitant.

Es-tu assuré, toi ?

CARBONNEL.

Parbleu !

FRONTIGNAC.

Mais alors, pourquoi donc ne suis-je pas assuré, moi aussi ?

CARBONNEL.

Parce que tu n'es qu'une oie !

FRONTIGNAC, susceptible.

Carbonnel !

CARBONNEL.

Mettons un égoïste.

FRONTIGNAC.

A la bonne heure !

CARBONNEL.

Ça te va-t-il ?

FRONTIGNAC.

Parfaitement.

CARBONNEL.

Alors, je vais faire venir le médecin.

FRONTIGNAC.

Un médecin, déjà ? Quel médecin ?

CARBONNEL.

Le médecin de la Compagnie, le docteur Imbert, un charmant homme qui vient prendre amicalement de vos nouvelles, vous ausculte.

FRONTIGNAC, défiant.

Il vous ausculte ?

CARBONNEL.

Vous palpe.

FRONTIGNAC.

Il vous palpe? Il n'y a rien de fait.

CARBONNEL.

Pourquoi?

FRONTIGNAC.

Ça me chatouille.

CARBONNEL.

Raisonnons pourtant. Crois-tu que la Compagnie serait bien aise d'assurer un bonhomme qui n'aurait plus que deux ou trois ans à vivre. Ne faut-il pas qu'elle sache si le coffre est bon, le cœur sain, l'estomac solide?

FRONTIGNAC.

Et si le coffre, le cœur ou l'estomac laissaient à désirer?

CARBONNEL.

Le médecin ne signerait pas ton certificat et la Compagnie n'accepterait pas l'affaire, voilà tout.

FRONTIGNAC.

Voilà tout! est simplement féroce. Ainsi, le client qui se croit valide et bien portant apprend là, carrément, sans mitaines, que son passeport est signé pour l'autre monde. Paf!

CARBONNEL.

Dam! que veux-tu? Pas de certificat, rien de fait.

FRONTIGNAC.

Mais c'est affreux, cela! c'est épouvantable! Rien que d'y songer, j'ai la chair de poule. Je ne veux pas voir ton médecin. Au diable ton médecin!

CARBONNEL.

Allons donc! Est-ce que cela te regarde, un gaillard comme toi? D'ailleurs, je t'ai dit, mon cher, que c'était indispensable et même...

FRONTIGNAC.

Achève! Seraient-ils deux maintenant?

CARBONNEL.

Non! un seul suffit; mais pensant bien d'avance que tu accepterais mon moyen, j'ai prié le docteur Imbert de passer chez toi.

FRONTIGNAC.

Il va venir ici?

CARBONNEL, regardant sa montre.

Dans quelques minutes.

FRONTIGNAC.

Sapristi! tu ne pouvais pas me prévenir plus tôt? Et ma toilette?

CARBONNEL.

Ta toilette! Tu es d'une élégance... On dirait que tu vas à un enterrement!

FRONTIGNAC, lui serrant le bras avec violence.

Carbonnel!

CARBONNEL.

Non! non! à une noce.

FRONTIGNAC, très-ému.

Oh ne plaisante pas ainsi, Carbonnel; je dois être d'une pâleur... Un médecin! un médecin! (On entend sonner.)

CARBONNEL.

Le voilà!

FRONTIGNAC.

Fais-le attendre! (A part.) Je vais me mettre un peu de rouge. (Haut.) C'est égal : un médecin! un médecin! (Il sort au moment où Marcandier entre par le fond.)

SCÈNE IV.

CARBONNEL, MARCANDIER.

MARCANDIER, qui a entendu les derniers mots de Frontignac.

Un médecin! Frontignac demande un médecin?

CARBONNEL.

Eh! mon Dieu! oui, cher monsieur Marcandier, il s'y décide enfin, mais peut-être trop tard, hélas! sa santé, altérée par de longs excès...

MARCANDIER.

Est-il possible?

CARBONNEL.

Sa santé gravement compromise, demande les plus sévères ménagements...

MARCANDIER.

Ah! mon Dieu!

CARBONNEL.

Enfin j'ai décidé, non sans peine, notre ami à accepter les services d'un médecin. Dieu veuille que le docteur Imbert ne lui reconnaisse pas le germe d'une maladie...

MARCANDIER.

Très-grave!

CARBONNEL.

Sinon très-grave, du moins...

MARCANDIER.

Mortelle?

CARBONNEL.

Vous l'avez dit.

MARCANDIER.

Ce que c'est pourtant que de nous! Un homme qui paraissait jouir d'une si florissante santé.

CARBONNEL.

Après tout, je m'inquiète peut-être à tort. C'est, du reste, ce que nous allons bientôt savoir, car j'ai donné rendez-vous ici au docteur.

MARCANDIER.

Quoi qu'il en coûte à mon affection, vous permettez que j'assiste à la visite?

CARBONNEL.

Impressionnable comme je vous connais, vous feriez peut-être mieux...

MARCANDIER.

Non! non! j'aurai la force de dissimuler mon émotion. Et puis, croyez-moi, ne changeons pas trop brusquement le genre de vie du malade. (On sonne.)

CARBONNEL.

Ah! voici sans doute le docteur.

DOMINIQUE, annonçant.

Le docteur Imbert!

CARBONNEL, à Dominique.

Prévenez votre maître.

MARCANDIER, à part.

Je vais donc savoir enfin à quoi m'en tenir.

SCÈNE V.

CARBONNEL, MARCANDIER, IMBERT, puis FRONTIGNAC.

CARBONNEL.

Mon cher docteur, je vous serre la main.

IMBERT.

Eh! mais, M. Marcandier, me voici en pays de connaissance.

MARCANDIER.

Ne nous cachez rien, docteur, ne nous cachez rien : nous aurons le courage de tout entendre. (Voyant entrer Frontignac par la droite.) Chut! (Frontignac salue le docteur d'un air contraint.)

CARBONNEL, les présentant l'un à l'autre.

M. de Frontignac, M. le docteur Imbert.

FRONTIGNAC.

Monsieur !

IMBERT.

Monsieur, vous savez ce qui m'amène. J'espère n'avoir à tirer qu'un heureux pronostic.

FRONTIGNAC, à part.

Il est poli, mais signera-t-il son certificat? (Appelant.) Dominique!

CARBONNEL.

Que désires-tu?

FRONTIGNAC.

Une plume et de l'encre pour le certificat du docteur.

CARBONNEL, montrant la table.

Il y a là tout ce qu'il faut.

IMBERT, souriant.

Vous êtes pressé, monsieur?

FRONTIGNAC.

Un rendez-vous.

MARCANDIER, à part.

Le fait est qu'il a le teint mauvais.

IMBERT.

Si vous voulez bien vous asseoir.

FRONTIGNAC, s'asseyant, à part.

Est-ce qu'il a son instrument? Ah! Savinien! Savinien! tu ne sauras jamais ce que tu me coûtes!

IMBERT.

Ne bougeons plus.

FRONTIGNAC, à part.

C'est un photographe! (Imbert ausculte Frontignac dans le dos.) Entrez!

ACTE TROISIÈME.

IMBERT.

Respirez longuement et fortement. (Frontignac pousse une respiration à éclater.)

MARCANDIER, à part.

Tiens, si, de mon côté, je prenais aussi une consultation ! (Il imite Frontignac, mais respire difficilement.)

IMBERT.

Dites : ba, bé, bi, bo, bu.

FRONTIGNAC.

Comment ?

CARBONNEL.

Dis : ba.

FRONTIGNAC, à part.

Non, il paraît que c'est un maître d'école. (Avec force.) Ba, bé, bi, bo, bu.

MARCANDIER, faiblement.

Ba, bé, bi, bo, bu.

IMBERT, regardant alternativement Frontignac et Marcandier.

Ah !

FRONTIGNAC, se levant, va à la table, prend une plume et la présente à Imbert.

Docteur !

IMBERT.

Qu'est-ce que cela ?

FRONTIGNAC.

Une plume... pour signer.

IMBERT.

Oh! nous n'avons pas fini. Asseyez-vous encore et toussez maintenant.

FRONTIGNAC, s'asseyant.

Comment, que je tousse?

MARCANDIER.

On vous demande de tousser, ce n'est pas bien difficile, moi, je tousse quand je veux.

FRONTIGNAC.

Et même quand vous ne voulez pas. (A part.) Savinien! Savinien!

MARCANDIER, toussant.

Hum!

IMBERT, croyant que c'est Frontignac qui a toussé.

Ah! la vilaine toux!

MARCANDIER.

Comment! la vilaine... mais...

FRONTIGNAC, toussant comme un coup de tonnerre.

Hum!

IMBERT.

Voilà ce qui s'appelle tousser! Quel creux! quel velouté! Un coup de canon!

FRONTIGNAC.

La représentation est-elle terminée?

IMBERT.

Un instant encore. (Il lui donne des coups de poing dans le dos.)

FRONTIGNAC.

Sapristi! c'est un professeur de boxe maintenant!

IMBERT.

Qu'est-ce que cela vous fait?

FRONTIGNAC, radieux.

Rien.

MARCANDIER, se frappant la poitrine.

Ça me fait mal!

FRONTIGNAC, se levant et offrant la plume à Imbert.

Docteur, la plume...

IMBERT.

Quelques questions et c'est fini. Le matin, vers les onze heures, n'éprouvez-vous pas des tiraillements d'estomac?

FRONTIGNAC, gardant la plume à la main.

Oui.

MARCANDIER, à part.

Comme moi!

IMBERT.

Vers les dix heures du soir, cela ne vous reprend-il pas?

FRONTIGNAC, inquiet.

Cela me reprend.

MARCANDIER, à part.

Moi aussi!

IMBERT.

Vers minuit, n'éprouvez-vous pas un certain appesantissement des paupières, des envies de bâiller, des somnolences?

6.

FRONTIGNAC, de plus en plus inquiet et dissimulant la plume qu'il tenait à la main.

Je les éprouve.

MARCANDIER, à part.

Comme moi!

IMBERT.

Quand vous avez fait un grand exercice, ne ressentez-vous pas de la lassitude dans les jointures, le désir de vous asseoir?

FRONTIGNAC, regardant sa plume d'un air piteux.

Je le ressens!

MARCANDIER, à part.

Moi aussi!

IMBERT.

Je passe rapidement sur les autres symptômes : le désir de vous chauffer quand il fait froid, de rechercher le frais quand il fait chaud...

FRONTIGNAC.

Oui, oui!

MARCANDIER.

Oui, oui!

IMBERT.

Ah! ah!

FRONTIGNAC.

C'est donc bien grave, docteur? N'y pensons plus!... (Il va pour briser la plume, quand Imbert la prend et remonte.)

IMBERT.

Eh bien, Monsieur, si vous ne tombez pas d'un cinquième étage, si vous ne sautez ni dans un bateau à vapeur ni dans un chemin de fer, si vous ne recevez pas une cheminée sur la tête ou une broche à travers le corps, vous avez une grande chance de nous enterrer tous; vous vivrez cent ans. (Pendant ces derniers mots, Imbert, tout en jouant avec la plume, a tiré de son portefeuille une feuille de papier, l'a signée et la remettant à Frontignac :) Voilà votre certificat, monsieur.

FRONTIGNAC, qui a suivi avec anxiété tout le jeu de la scène précédente, en voyant son dénoûment, pousse une exclamation de joie très-bruyante.

Hum!

IMBERT.

Oh! c'est inutile maintenant.

MARCANDIER.

Cent ans! (Allant à Carbonnel.) Ah çà! mais que m'avais-tu donc dit?

CARBONNEL.

Il paraît que je me suis trompé. Réjouissons-nous!

FRONTIGNAC.

Cent ans! ah! docteur, quelle bonne parole! Et moi qui avais horreur des médecins... Cent ans! N'exagérez-vous pas?... Un peu... voyons...

IMBERT, riant.

Une heure ou deux peut-être.

FRONTIGNAC.

Vous êtes le roi des médecins! Vous serez mon ami, mon compagnon! Vous ne me quitterez pas!

MARCANDIER, à part.

Cet homme est cynique dans l'expansion de son horrible santé.

IMBERT, salue et remonte.

Monsieur! (Aux autres.) Messieurs!

FRONTIGNAC.

Enchanté, docteur, d'avoir fait votre connaissance. (Il remonte pour le reconduire.)

SCÈNE VI.

CARBONNEL, MARCANDIER.

MARCANDIER.

M'expliquerez-vous, monsieur Carbonnel, ce que signifie la scène à laquelle je viens d'assister.

CARBONNEL.

Rien de plus simple, mon cher monsieur. Las de vos tergiversations, désireux de laisser après lui un capital à son neveu, notre ami vient de faire assurer une somme de 200,000 francs à *la Lutécienne*.

MARCANDIER, à part.

Je suis joué.

SCÈNE VII.

LES MÊMES, FRONTIGNAC.

FRONTIGNAC, rentrant.

Tu sais qu'il est charmant, ton médecin.

CARBONNEL.

Que te disais-je? (Tirant un papier de sa poche.) Maintenant, signe-moi ce papier, je vais faire préparer le contrat, que je rapporterai dans une heure.

FRONTIGNAC.

A ton aise.

CARBONNEL.

Venez-vous, monsieur Marcandier.

MARCANDIER, à part.

Ah! l'on m'a berné! Eh bien, que je trouve une occasion et l'on verra!...

FRONTIGNAC.

Adieu, adieu! (Il les conduit.)

SCÈNE VIII.

FRONTIGNAC, seul.

On a tort de railler les médecins; ils sont précieux... quand on n'est pas malade. Voilà l'avenir de Savinien assuré. Il est vrai qu'à cette combinaison je perds le cinquième de mon revenu; mais là, vrai! je ne le regrette pas. Il épouse Madeleine, et avant un an me donne une demi-douzaine de petits-neveux... une demi-douzaine c'est peut-être beaucoup en un an; mais un Américain! (Antonia entre.) N'importe! me voilà rangé, tranquille. J'ai rompu à jamais avec ces intrigues banales, cette existence de viveur. C'est délicieux!

SCÈNE IX.

FRONTIGNAC, ANTONIA.

ANTONIA.

Bonjour, monsieur de Frontignac.

FRONTIGNAC.

Madame Roquamor! Mon Dieu que j'ai eu peur!

ANTONIA, coquette.

Eh mais! ne dirait-on pas que ma présence vous contrarie?

FRONTIGNAC.

Votre présence me contrarier?... horriblement!

ANTONIA

Hein?

FRONTIGNAC.

Vous n'étiez donc pas bien chez le portier?

ANTONIA.

Mais...

FRONTIGNAC.

Mais vous ne savez donc pas que votre mari, votre chacal de mari, est au coin de la rue à guetter; et il va venir, votre abominable mari, j'en mettrais sa main au feu.

ANTONIA.

Monsieur...

ACTE TROISIÈME.

FRONTIGNAC.

Vous encore... Oh! vous, oui, toujours vous, parce que vous enfin...

ANTONIA.

Moi, monsieur, je suis infiniment mortifiée de l'accueil que vous me faites. Le prétexte de mon mari est habile, sans doute, mais indigne d'un homme qui n'a pas craint de compromettre une pauvre jeune femme. Mais j'ai compris à la fin mon inconséquence, et c'est ma lettre que je viens chercher.

FRONTIGNAC.

Votre lettre! Ah! si je savais où je l'ai fourrée! J'ai dû la brûler, madame, je l'ai brûlée...

ANTONIA, troublée.

Oh! juste châtiment d'un moment de coquetterie. Mais c'est indigne à vous, monsieur.

FRONTIGNAC, à part.

Je parie cent sous que le mari va arriver.

ANTONIA.

On fait la cour à une pauvre femme, on a recours aux plus suaves poésies pour l'éblouir, on fait le désespéré. Alors cette femme a pitié! Elle écrit un mot de compassion et livre une arme contre elle. (Elle tombe sur un siége.)

FRONTIGNAC, animé.

Une arme! De quoi me soupçonnez-vous, madame, vous croyez que je jouais un rôle! Oh! loin de moi... (Il s'approche.) Non, ma bouche n'a point menti. Je vous aimais, Antonia, je vous aime encore. Mais (Il lui saisit la main.) moi aussi, j'ai réfléchi à l'inconséquence, moi aussi j'ai rebroussé chemin vers le sentier de la vertu. (Il serre la main d'Antonia dans les siennes avec effusion.) J'ai compris comme il est vilain de tromper son semblable! Car (Il baise les mains d'Antonia.) il ne faut pas croire que je refuse à votre mari la qualité de mon semblable! (Même jeu.) Il est mon semblable, Antonia. (S'asseyant près d'elle.) Je vous le jure et en pensant à ce que je vous avais dit, à ces poésies, à ces effluves, je me suis senti honteux, car, croyez-le, Antonia (Il la serre dans ses bras.), croyez-moi, ô ange! il n'y a rien de vrai, ici-bas, que le bon motif. (Il l'embrasse.)

ANTONIA.

Mais, monsieur...

FRONTIGNAC.

Voyez-vous quelle tranquillité dans notre cœur, maintenant que la vertu l'emplit. (Même jeu.)

ANTONIA.

Cependant, permettez, permettez!

FRONTIGNAC.

Eh quoi?

ANTONIA.

Mais, vous m'embrassez.

FRONTIGNAC.

Parfaitement, de tout mon cœur. (Même jeu.)

ANTONIA.

Mais, mais...

FRONTIGNAC.

Qu'est-ce que ça fait? Puisque nous sommes tout au bon motif! (Il se met à ses genoux.)

ANTONIA.

Je vous en prie, Stanislas...

FRONTIGNAC, avec passion.

Ah! ange! Oh! mon ange! Si ma voix peut encore émouvoir votre âme, si j'ai pu éveiller l'écho de vos sentiments, je vous en supplie... retournez chez le portier.

ANTONIA, se levant.

Ah!

LA VOIX DE ROQUAMOR, au dehors.

Ma femme est ici!

ANTONIA.

Mon mari!

FRONTIGNAC.

Qu'est-ce que je vous disais!

ANTONIA.

Je suis perdue, cachez-moi!

FRONTIGNAC, à part.

Elle était si bien chez le portier.

ANTONIA.

Où fuir?

FRONTIGNAC.

Par l'escalier de service. Vous m'excuserez si je ne vous reconduis pas. (Antonia se sauve par la porte par laquelle est sorti Savinien à la deuxième scène. Frontignac, toujours troublé, est resté assis sur ses talons. La porte du fond s'ouvre brusquement.

SCÈNE X.

FRONTIGNAC, ROQUAMOR, MARCANDIER.

ROQUAMOR.

A genoux! A ses genoux! Où est-elle?

MARCANDIER.

Sous le canapé! (Il se baisse.)

FRONTIGNAC, étonné.

M. Marcandier.

ROQUAMOR.

Que faites-vous là?

FRONTIGNAC.

Pénitence de mes erreurs, et je cherche une épingle.

ROQUAMOR.

Monsieur, assez de subterfuges. On a vu ma femme entrer dans cette maison!

FRONTIGNAC.

Qui ça, on?

ROQUAMOR.

Peu importe! Elle ne peut-être qu'ici. Le nierez-vous?

MARCANDIER, à part.

Ah! mon gaillard, tu veux vivre cent ans.

ROQUAMOR.

Votre silence est un aveu. D'ailleurs, je saurai bien la trouver. (Il se dirige vers la gauche.)

ACTE TROISIÈME.

FRONTIGNAC, se levant.

Pardon, mon cher monsieur Roquamor, vous avez loué mon appartement, très-bien! mais seulement à partir du 15 juillet; alors (Il se place devant la porte de gauche.), c'est-à-dire dans trois semaines, vous pourrez, tout à votre aise, vous assurer de la présence de madame Roquamor.

ROQUAMOR.

Est-ce une plaisanterie?

FRONTIGNAC.

Jusque-là, je vous rappellerai qu'une visite domiciliaire exige certaines formalités prescrites par la loi.

MARCANDIER.

Un commissaire.

ROQUAMOR.

C'en est trop, monsieur, vous m'en rendrez raison.

FRONTIGNAC.

A vos ordres.

MARCANDIER, à part.

Ça y est!

ROQUAMOR.

Sortons!

FRONTIGNAC.

Sortons!

SCÈNE XI.

LES MÊMES, CARBONNEL.

CARBONNEL.

La police! voici la police!

ROQUAMOR ET FRONTIGNAC.

Hein !

MARCANDIER.

Le commissaire !

ROQUAMOR.

Ah ! monsieur se fait protéger !

FRONTIGNAC.

Ah ! monsieur se fait escorter.

CARBONNEL.

Que disent-ils ? Mais non ! La police... la police d'assurance.

FRONTIGNAC.

Il s'agit bien d'assurance. Nous nous battons avec monsieur, tu me serviras de témoin.

CARBONNEL.

Te battre ! Tu ne le peux pas. La compagnie interdit formellement le duel.

FRONTIGNAC.

Allons donc !

CARBONNEL, animé.

Il n'y a pas de : allons donc ! Voici ton contrat, tu as signé, tu as pris l'engagement de vivre le plus longtemps possible, et de ne jamais exposer ta vie : te battre serait de l'indélicatesse. Ah ! la compagnie ferait de belles affaires si ses clients avaient le droit de recevoir une balle dans la tête ou un coup d'épée dans la poitrine, ça serait trop commode; on signe, on se fait tuer, et l'on reçoit deux cent mille francs. Tu ne le peux pas, tu ne le feras pas.

MARCANDIER, à part.

Ah ! le gueux.

ROQUAMOR, railleur.

Voilà, parbleu! qui est fort bien imaginé. On insulte les gens, on se met à leurs ordres, puis au dernier moment, la compagnie vous défend de se battre.

CARBONNEL.

Distinguons! La compagnie lui permet de vous tuer, mais non de se faire tuer.

FRONTIGNAC.

C'est insensé! absurde! monstrueux. Et je vais...

CARBONNEL.

Déshériter ton neveu!

FRONTIGNAC, atterré.

Sapristi!

MARCANDIER, à part.

Ah! tu ne peux pas te battre, intrigant! (haut.) Alors, si l'on disait que vous êtes un coureur d'aventures...

FRONTIGNAC, se contenant.

M. Marcandier.

MARCANDIER.

Un croquant! un cuistre.

FRONTIGNAC, de même.

M. Marcandier!

MARCANDIER.

Un barbon ridicule!

FRONTIGNAC.

Un barbon... oh! (Au moment où Marcandier se retourne d'un air méprisant, Frontignac lui détache un coup de pied au bas des reins. — A Carbonnel). Est-ce défendu par la police?

CARBONNEL.

C'est permis!

MARCANDIER.

Oh!

ROQUAMOR.

Ah! monsieur, sortons-nous, ou ne sortons-nous pas?

FRONTIGNAC.

Je vous suis. (A Carbonnel.) Tant pis!

CARBONNEL.

En ce cas, tout est rompu et que ton neveu aille au diable!

SCÈNE XII.

Les Mêmes, ANTONIA

ANTONIA.

Ne dites pas cela, M. Carbonnel.

ROQUAMOR.

Ma femme!

FRONTIGNAC, à part.

Ça se corse!

ANTONIA.

Non, ne dites pas cela! Il y allait, M. Carbonnel.

CARBONNEL.

Où ça? Au diable?

ANTONIA.

Tout droit; mais pas seul : avec votre nièce.

CARBONNEL.

Madeleine...

ANTONIA.

Qu'il avait enlevée ce matin.

CARBONNEL.

Pendant que j'étais ici.

FRONTIGNAC.

Pendant que tu m'assurais !

CARBONNEL.

Mais où sont-ils?

ANTONIA.

Écoutez-moi! Après avoir décidé Madeleine à le suivre, il la conduisit chez votre belle-sœur. Malheureusement elle n'y était pas... Ils n'avaient pas déjeuné!... Que faire ?

FRONTIGNAC.

Pauvres enfants!...

CARBONNEL.

Tais-toi donc!

ANTONIA.

Il la mena au Moulin-Rouge.

FRONTIGNAC, attendri.

Ça fend l'âme.

ANTONIA.

On leur servit la moindre des choses. Six douzaines d'Ostende, du foie gras, du perdreau, quelques primeurs et un parfait arrosé d'un doigt de champagne.

FRONTIGNAC, ému.

Et le café, le pousse-café! J'en pleure...

CARBONNEL.

Et ma nièce a osé... là... à une table... au milieu de viveurs...

ANTONIA.

Rassurez-vous ! ils avaient pris un cabinet.

CARBONNEL.

Un cabinet!

FRONTIGNAC.

Quelle délicatesse !

ANTONIA.

Puis ils firent demander une voiture.

CARBONNEL.

Pour aller?

ANTONIA.

A la campagne ; je les surpris au chemin de fer où j'étais allée attendre la domestique qui m'arrive de Normandie. Savinien était au guichet, il demandait deux premières pour San-Francisco.

MARCANDIER, à part.

Elle appelle ça aller à la campagne !

ANTONIA.

Je les suppliai, je les touchai et parvins à les décider à revenir chez vous, où, depuis trois mortelles heures, je vous attends.

ROQUAMOR, d'un bond, à Frontignac, en lui tendant la main.

Vous savez que je vous fais mes excuses, mon cher, mon tendre ami ! (Montrant Marcandier.) C'est ce monsieur qui m'avait mis dans la tête...

FRONTIGNAC.

Après tout mieux vaut dedans que dessus.

CARBONNEL.

Mais eux, les monstres !

ANTONIA, ouvrant la porte de gauche.

Les voilà !

SCÈNE XIII.

Les Mêmes, MADELEINE, SAVINIEN.

Madeleine est très-rouge, Savinien a une légère pointe. Il tient à la main une petite cage, dans laquelle il y a un serin. Ils entrent de quelques pas et s'arrêtent confus, comme des enfants pris en flagrant délit de gaminerie. Léger silence.

CARBONNEL, avec un pas vers eux.

Ainsi, Madeleine... (Madeleine, effrayée, se blottit contre Savinien et cache son visage dans la poitrine de celui-ci.)

MADELEINE.

Mon Dieu !

CARBONNEL.

Eh bien !...

SAVINIEN.

Elle cache sa confusion ! (Avec la grimace d'un homme qui va pleurer.) Que ne puis-je de même cacher la mienne !...

CARBONNEL.

Et si je vous demandais raison ?

FRONTIGNAC.

Tu ne peux pas, mon ami.

CARBONNEL.

Hein?

FRONTIGNAC.

Tu es assuré.

CARBONNEL.

C'est juste!

FRONTIGNAC.

Et puis, sont-ils donc bien coupables? C'est l'intention qu'il faut voir. A l'instant encore, M. Roquamor soupçonnait sa femme, et cependant elle, comme eux, n'en a rien fait que... pour le bon motif. Tout est là, mon ami : il ne faut avoir d'indulgence que pour l'autre.

CARBONNEL.

Votre avis, donc?

FRONTIGNAC.

Bénissons-les! (Assentiment général.)

CARBONNEL.

Allons!

MADELEINE.

Ah! mon oncle!

SAVINIEN, à Carbonnel.

Ah! mon oncle!

FRONTIGNAC.

Et, convertis de même, nous finirons nos jours près d'eux.

MADELEINE.

Bien soignés, bien aimés, bien choyés.

FRONTIGNAC.

En famille !

MARCANDIER, à part.

En famille, je suis ruiné! (Rideau.)

FIN.

OUVRAGES DU MÊME AUTEUR

COLLECTION IN-18 A 3 FR.

AVENTURES DU CAPITAINE HATTERAS :
— Les Anglais au pôle nord.................................. 1 vol.
— Le Désert de glace.. 1 —

LES ENFANTS DU CAPITAINE GRANT :
— L'Amérique du Sud.. 1 —
— L'Australie... 1 —
— L'Océan Pacifique... 1 —

Autour de la Lune.. 1 —
Aventures de trois Russes et de trois Anglais................. 1 —
Cinq Semaines en ballon...................................... 1 —
De la Terre à la Lune.. 1 —
Histoire des grands Voyages et des grands Voyageurs.......... 1 —
Le Tour du Monde en quatre-vingts jours...................... 1 —
Le Pays des Fourrures. — Première partie..................... 1 —
Vingt mille Lieues sous les Mers............................. 1 —
Voyage au centre de la Terre................................. 1 —
Une Ville flottante.. 1 —

EN PRÉPARATION

Le Pays des Fourrures. — Deuxième partie..................... 1 —

PARIS. — J. CLAYE, IMPRIMEUR, 7, RUE SAINT-BENOIT. — [773]

www.ingramcontent.com/pod-product-compliance
Lightning Source LLC
Chambersburg PA
CBHW071728090426
42738CB00011B/2417